Fronteiras da inteligência

Nilton Bonder

Fronteiras da inteligência

A SABEDORIA DA ESPIRITUALIDADE

Rocco

Copyright © 2001, 2011 by Nilton Bonder

Direitos desta edição reservados à
EDITORA ROCCO LTDA.
Rua Evaristo da Veiga, 65 – 11º andar
Passeio Corporate – Torre 1
20031-040 – Rio de Janeiro – RJ
Tel.: (21) 3525-2000 – Fax: (21) 3525-2001
rocco@rocco.com.br
www.rocco.com.br

Printed in Brazil/Impresso no Brasil

CIP-Brasil. Catalogação na fonte.
Sindicato Nacional dos Editores de Livros, RJ.

B694f	Bonder, Nilton Fronteiras da inteligência – a sabedoria da espiritualidade / Nilton Bonder. – Rio de Janeiro: Rocco, 2011. ISBN 978-85-325-2567-3 1. Vida espiritual. 2. Comportamento de apego. 3. Valores – Aspectos psicológicos. I. Título.
10-1894	CDD–291.4 CDU–2-41

O texto deste livro obedece às normas do Acordo Ortográfico da Língua Portuguesa.

Para Esther

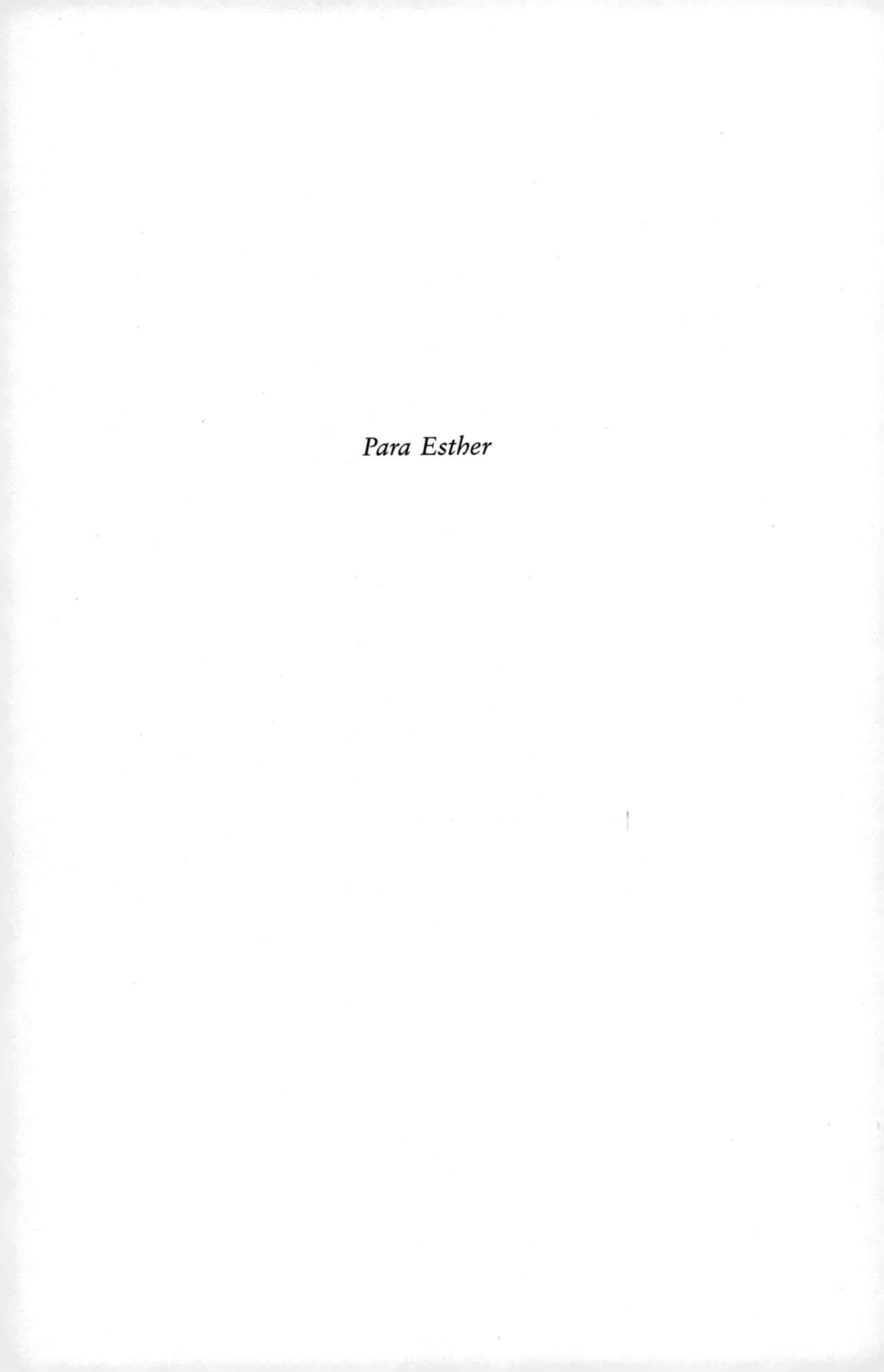

"É mais difícil encontrar um discípulo do que um rabino.
Porque fazer crer é mais fácil do que crer.
Dar é mais fácil que receber. Enfim, ser aprendiz
é mais humano do que ser mestre."

Rabino Itschak Iaakov de Lublin,
o Vidente de Lublin

Sumário

Introdução 11

INTELIGÊNCIA E LEITURA DE REALIDADE 13
Espiritualidade e empregabilidade 20

SENSOS E REVERÊNCIAS 33
Sensos e contrassensos – *Exercícios na contramão* 37
Senso de si – *Trocando "o que sou" por "quem sou"* 41
Senso de propósito – *Trocando "por quê?" por "por que não?"* 44
Senso de confiança – *A ideia de "lá em cima"* 48
Senso de passagem – *Se não agora, quando?* 52
Senso de limite – *Porque sim!* 55
Senso de direção – *Trocando "para onde?" por "de onde?"* .. 59
Senso de discernimento – *Sabendo antes de saber* 64
Senso de saída – *Em busca do mesmo que é diferente* 68
Senso de conciliação – *Convertendo medo em ação* 73
Um modelo de inteligência – *Do exorcismo ao endorcismo* ... 78
Senso de bondade – *Caminho à intolerância* 83
Senso de autovalor – *Somos melhores e piores do que nos imaginamos* 86
Senso de ilusão – *Ego na gerência, jamais na chefia* 91
Senso de servir – *A questão não é tanto ser amado, mas amar* .. 98
Senso de oferenda – *Medo, desconfiança e confusão no altar* ... 103

Senso de revelação – *Buscando a verdade, em vez da certeza* 109
Senso de tolerância – *Resposta e poder* 114
Senso de conexão – *Quanto mais só, mais junto* 122
Senso de medida – *Quando mais é menos* 127
Senso de prioridade – *A ordem modifica a essência* 131
Senso de recurso – *Quem tem muito de si – tem tudo* 134
Senso de missão – *Nosso lixo e vício nos fazem únicos* 141
Senso de doença – *Reconhecendo aquilo que o leva para onde você não quer ir* 145
Senso de bênção – *Dedicação à vida e não à imortalidade* 149
Senso de salvação – *O oposto do prazer não é a dor, mas o conforto* 152

A ESPIRITUALIDADE NÃO EXISTE 155

A SUPREMA CONTRADIÇÃO: A diferença que nos iguala 161

A LUCIDEZ DO ESCURO 169

Bibliografia 175

Introdução

Nos últimos anos, tenho viajado pelo Brasil, pelos Estados Unidos e pela Europa, fazendo palestras para grandes corporações e empresas. Em todos os convites há, porém, um sagrado constrangimento: os convites que chegam são muito abstratos e vagos. Os anfitriões não sabem dar nome nem definir totalmente o que querem. Isso não é algo comum no mundo empresarial que serve como posto avançado da objetividade e do pragmatismo em nossa cultura. O que querem de um rabino? À primeira vista se diria: decerto não querem o reino dos céus! Mas quanto mais penso sobre o que realmente querem, mais tendo a dizer que é exatamente o "reino dos céus" em que estão interessados.

Nosso mundo tem vivido na penumbra da ignorância por muitos séculos. A Era das Trevas não diz respeito somente a períodos mais insidiosos como a Idade Média, mas se estende por toda a história de nossa civilização. Essa perversa obscuridade, contudo, tem sua manifestação santa. A sombra da sombra é a luz. É isso que experimentamos quando ficamos muito tempo na escuridão: nossos olhos começam a enxergar as luzes mais ocultas. Afinal, essa é nossa experiência de todas as tardes, quando a escuridão nos revela as estrelas, as luzes, que a claridade não nos permitia ver (Salmo 36:10).

Estamos começando a enxergar melhor no escuro. Conhecemos como nunca o ser humano a partir de nosso sofrimento, uma vez que "a recompensa do sofrimento é a experiência" (Ésquilo). A experiência acumulada da humanidade revelou suas fraquezas e grandezas, suas limitações e inspirações, seus medos e sonhos. Estamos mais desnudados do que jamais fomos.

As empresas em busca de seu "reino terreno" descobriram que, sem a inteligência do "reino dos céus", sua eficiência decresce e, em um mundo de competição, ninguém pode se dar ao luxo de passar ao largo de uma forma de inteligência. É esse o reconhecimento que nossos tempos vêm prestando a um universo que, até recentemente, era percebido como algo externo ao conjunto das inteligências.

Este livro, que contém várias histórias, visa exemplificar essa inteligência e algumas das regras de sua "lógica". Não se furte a criticá-la, como é legítimo fazer-se a qualquer inteligência. No entanto, seja inteligente o bastante para compreender que a luz dessa inteligência é aquela que vem da escuridão. Distinta da luz – que produz sombra – a clareza da inteligência espiritual só pode ser usufruída em densa penumbra. Esta é a razão pela qual suas equações estão sob a fórmula de parábolas e histórias. Essa forma de organizar expressões e teorias convoca o inconsciente a produzir a penumbra necessária para que a luz dessa inteligência se faça nítida.

Atenção!

INTELIGÊNCIA E
LEITURA DE REALIDADE

Quem é inteligente? Os sábios fazem essa pergunta e respondem: "Aquele que aprende de todo o ser humano." A sabedoria não é um saber, mas a habilidade de aprender.

Não existe outra forma de verdadeiramente responder que não seja um aprofundamento da questão original.

O prêmio Nobel de química, Karl Ziegler, quando perguntado por que teria se destacado tanto em sua área de estudos, atribuiu esse feito à sua mãe. Ele contou que, quando ela o buscava na escola, não fazia a pergunta que invariavelmente os pais faziam aos filhos: "O que você aprendeu hoje no colégio?" Ela dizia: "O que você perguntou hoje no colégio?" O interesse pela inquietude e pela dúvida faz a diferença porque prepara um indivíduo para "aprender de todo o ser humano e de toda a oportunidade de vida". É essa aptidão que o Talmude qualifica de "inteligência".

A única forma que se tem de chegar à certeza é pela dúvida. E mesmo assim essa certeza deve estar eternamente aberta à dúvida. Ou, em outras palavras, ainda pertencer à categoria da dúvida. A espiritualidade não foge a essa regra da "inteligência". Ao contrário do que muitos pensam, a fé não é formada de certezas, mas de dúvidas trabalhadas de forma sensível e sofisticada. *A fé é uma leitura da realidade por meio das ferramentas mais sutis e subjetivas do "intelecto" humano.*

Quatro são as aptidões do intelecto:
Conhecimento: Esfera Literal / Armazenamento na memória
Compreensão: Esfera Analítica / Análise do conhecimento
Intuição: Esfera Simbólica / Análise das compreensões
Reverência: Esfera das Crenças / Análise das intuições

    O conhecimento e a compreensão são atributos do hemisfério esquerdo do cérebro; a intuição e a reverência, do hemisfério direito. O que os difere, no entanto, é o grau de dúvida aplicada à certeza. Quanto maior o grau de dúvida inserido em dada certeza, maior sua aproximação à realidade. É verdade que seu grau de "manipulação" e utilização prática decresce à medida que se acresce o grau de dúvida. No entanto, como veremos a seguir, nosso mundo necessita cada vez mais de pessoas treinadas em profundos graus de dúvida do que de pessoas aptas a lidar com certezas.

    O Talmude (em *A Ética dos Ancestrais/Pirkei Avot*) exemplifica isso da seguinte forma: *Muito tenho aprendido de meus professores, mais ainda de meus colegas, mas, acima de tudo, de meus alunos.* O aprendizado aumenta na medida em que há dúvidas e incertezas. O professor é a dimensão da autoridade do conhecimento, que decresce para o colega e, certamente, decresce ainda mais para o aluno. O professor é a compreensão, o colega é a intuição e o aluno é a reverência.

    É fundamental definirmos esses termos, mesmo porque, de todos, o que causa maior estranheza é justamente o objeto maior de nosso interesse: a reverência. Não uma reverência que significa obediência ou veneração, mas a capacidade de reconhecer e priorizar certos princípios da vida.

    Uma antiga forma de testes aplicados em escolas continha apenas duas questões. Obtinha-se, portanto, nota dez, cinco ou zero. A diferença entre aquele que tirava dez e zero era tão gritante que ficava difícil compreender como dois indivíduos de capacidade intelectual (QI) semelhante pudessem obter resultados tão distintos.

Na verdade, esses testes definiam bem a diferença entre o conhecimento e a compreensão. Em uma sala de aula, há os que prestam atenção apenas com o intuito de resolver problemas. Estes copiam e fazem anotações. Há também os que estão menos preocupados em se apoderar do "saber" e mais interessados em suas dúvidas. O primeiro saberá resolver problemas do teste que sejam idênticos aos resolvidos pelo professor em sala de aula. O segundo não terá dificuldade de resolver problemas que tenham sido modificados porque "compreende" os princípios que levaram à resolução dos problemas em sala de aula.

Para ilustrar a passagem da esfera da compreensão para a intuição vamos nos voltar para outra área de resultados na vida: o sucesso. Quantas vezes encontramos em um automóvel de luxo aquele que era o mau aluno? Rico e bem-sucedido, ele destoa do bom aluno que vive uma vida medíocre, sem grandes realizações e reconhecimento. Como foi possível isso? A resposta é que o bom aluno tornou-se prisioneiro do mundo da compreensão, enquanto o outro fez incursões afortunadas no mundo da intuição.

Estamos cruzando a fronteira que divide os hemisférios cerebrais. Deste outro lado, a existência e a experiência têm tanto a contribuir para a eficiência como a teoria e os modelos contribuem para o hemisfério esquerdo. A compreensão está limitada à análise e, por mais que esta apresente índices ou tendências, torna-se imprecisa no campo do risco e da incerteza. Por funcionar na expectativa de compreender, todos os fenômenos e eventos que não são compreensíveis são descartados como desprovidos de eficácia.

Por que o mau aluno se tornou bem-sucedido? Porque ele aprendeu a permanecer com suas dúvidas mais "em aberto" do que aquele que se dedicou a compreender. O bom aluno (aquele que compreendeu), por motivos de múltiplas ordens, abandona a dúvida e busca certezas. *Mas é o ato de aprofundar-se na dúvida que permite o sucesso.* Mesmo quando não há certezas para compreender, a intuição percebe certos apontamentos, certas lógicas, que só podem ser comprovadas com a prática e o risco.

A distinção entre a compreensão e a intuição está no fato de que a primeira responde uma pergunta com outra pergunta para conhecer uma certeza. Já a segunda, abre mão da expectativa de uma certeza e responde uma pergunta com outra pergunta para chegar a uma dúvida. Essa dúvida está mais próxima da realidade do que as certezas daquele que compreende e, por isso, tem uma eficiência superior, o que gera conquistas e sucesso.

Para chegarmos finalmente à esfera da reverência, vamos nos voltar a outra área de resultados na vida: a paz e a alegria. Como compreender que o bem-sucedido, que desfruta do melhor que a vida pode proporcionar, possa ser um infeliz ou um atormentado? Talvez a resposta esteja no fato de que, ao abrir mão de uma certeza para poder dominar e manipular a dúvida, um indivíduo pode se tornar cético ou mesmo cínico. É essa a diferença entre o intuitivo e aquele que tem reverência. O último busca não só permanecer no mundo turvo da dúvida, mas se pergunta em meio a ela, se não existem certezas. É essa dúvida sobre a dúvida que produz "reverências". Sua eficiência pode ser medida pela qualidade de vida.

Poderíamos então sintetizar:
    Conhecimento = certezas
    Compreensão = dúvidas aplicadas às certezas
    Intuição = certezas aplicadas às dúvidas
    Reverência = dúvidas aplicadas às próprias dúvidas

Quem tem reverência acata dúvidas às próprias dúvidas. Assim sendo, o mundo das incertezas passa a sofrer dúvidas sobre si mesmo. Existe continuidade depois da morte? Existe uma ordem que perpassa a Criação? Existe um Criador? Todas essas respostas exigem mergulhar-se na dúvida para duvidar-se das próprias dúvidas. É impossível chegar-se a essas "certezas" por meio de certezas. Deus existe? Do ponto de vista da certeza, ou da ciência, a resposta mais plausível seria "não". A morte é o fim? Segundo o mesmo critério, dir-se-ia que "sim". Mas quem respeita essas respostas racionais? Nossa sensibilidade está mais interessada no que têm a dizer os que buscam nas dúvidas do que aqueles que miram nas certezas.

Em outras palavras, há um mundo de claridade e outro de penumbra. Tentar clarear o mundo da penumbra, é perder sua eficiência. Na penumbra, os olhos começam a enxergar de uma forma que a claridade não permite. Quando se faz escuro, quem vive no claro fica cego. Aqueles que estão acostumados com a penumbra não têm problemas em discernir as formas que existem no escuro. O problema do que é "claro" e visível é que *os olhos veem apenas o que a mente está preparada para compreender*. Só a certeza é visível. Aprender a ver para além dela é capacitar-se de forma diferenciada.

A intuição e a reverência são contornos. A natureza da reverência é ser apenas um contorno. Toda vez que quisermos preencher seu interior ela se desfaz.

A certeza que advém de duvidar-se da dúvida se fundamenta na ideia de que o que não é certo, a sombra, é sempre produto de um foco de luz. A sombra não é a luz em si, mas aponta para o foco de onde ela emana. Voltar os olhos para essa luz das luzes é envolver-se espiritualmente.

Espiritualidade e empregabilidade

Quando o cérebro se faz necessário, músculos não dão conta.
Quando o coração se faz necessário, o cérebro não dá conta.
Quando a alma se faz necessária, o coração não dá conta.

UMA PALAVRA QUE VEM ganhando importância é "empregabilidade". Os séculos XIX e XX foram marcados pelo emprego e pelo salário. No entanto, o futuro parece querer colocar essa forma de sustento na memória e nos museus da civilização humana. Retornamos a um modelo mais próximo à natureza, em que a competitividade não garante a ninguém de antemão certo soldo no final de cada mês. Essa promessa leva ao domínio das massas e à sua exploração; acarreta a falência de Estados e suas previdências; e, acima de tudo, leva a um processo ineficaz de produção e criação.

O próprio progresso humano encaminhou-se no sentido de corrigir essa deturpação do início do período industrial. Fomos criando formas de nos livrar dos assalariados, e esta é a crise vivida mundialmente no início do século XXI.

A industrialização se baseia na ideia da expansão constante do consumo, algo extremamente questionável tanto na prática como na matemática de um planeta finito. Uma economia que produz cada vez mais, continuamente, precisa criar massas de consumidores. E estes mesmos assalariados são a alavanca do consumo. Uma espécie de moto-contínuo impulsionado mais pela ingenuidade e ganância humana do que por uma profunda percepção da realidade. O conceito estático de "ter-se" um emprego passa a ser gradativamente substituído por formas mais dinâmicas e coerentes com a vida, em que nos fazemos ou não "empregáveis".

E que tipo de pessoa se faz empregável nesse novo modelo? Com certeza a menos empregável é a que detém apenas conhecimento. O técnico, quase uma extensão do trabalhador braçal, está sendo substituído pela máquina. Os computadores ou as redes de informação são técnicos absolutos, disponíveis 24 horas por dia, eternamente. Estão disponíveis nos bancos de memória da civilização. O técnico é substituível e está sendo substituído.

Mas não é só ele. Aqueles que exercem o papel de "compreender" os processos, os gerentes, também estão se tornando peças do passado. Como a compreensão faz parte da esfera da certeza, também as máquinas ocuparão a atividade de compreender e de gerenciar. Se as máquinas jogam xadrez, não saberão gerenciar? Os gerentes, no modelo tradicional, estarão em breve desempregados.

Parte da resposta de por que empresas me convidam para dar palestras está no fato de que o mercado de trabalho está buscando o "intuitivo" e o "reverenciador". A empregabilidade humana se fará em áreas nas quais temos excelência e competimos em desigualdade com as máquinas: as áreas da dúvida e da incerteza. Apenas aquilo que experimenta pode ter a inteligência intuitiva e a reverência. A máquina só poderá competir nessas áreas se nós as tornarmos vivas – ou humanas ou supra-humanas. Para isso, elas teriam que experimentar, entre outras coisas, a finitude e a reprodução, duas questões matrizes da vida.

Portanto, o mundo do futuro irá buscar os "intuitivos" e os "reverenciadores". O primeiro talvez seja mais fácil de compreender. Ele funciona como um membro da diretoria de uma empresa ou um *partner* – um parceiro, em empresas mais modernas. Esse funcionário vive o risco calculado e toma parte nele. Faz uso de sua experiência para criar pontes entre certezas entrecortadas de dúvidas. Há criação, há envolvimento, há integração, há arte, há visão, há confiança e há risco nesse processo. Quem souber fazer isto não terá problemas de se colocar no mercado de trabalho do século XXI.

O segundo, o "reverenciador", é em si a mão de obra do futuro. O reverenciador não só executa o trabalho do intuitivo, como é também um *estrategista da intuição*. A descoberta da finitude do planeta e da interconexão de toda a vida que nele existe gerou a consciência ecológica deste último século. Mas essa é apenas a ponta do iceberg de uma consciência que está por evoluir no futuro. A ecologia contribuiu muito para estabelecer conceitos espirituais para o mercado e para os políticos. Isso porque falar sobre finitude e perceber a interconexão da vida são conceitos da espiritualidade, como veremos a seguir. Mas a ecologia nada mais é do que uma forma de reverência. Reconhecemos uma estrutura profunda da vida e oferecemos a do desejo de nos adaptar para não corrermos o risco de ser excluídos dela.

No futuro, o "empregado" com consciência ecológica não será um indivíduo subversivo e perigoso aos interesses de sua "empresa" ou de sua economia, como ainda ocorre em nossos dias. Ele será imprescindível porque todos os produtos terão sua eficiência medida também em termos de sua adequação a estratégias em favor da vida e de sua qualidade. Em outras palavras, o consumidor que compra um produto que não agride a camada de ozônio, e é visto hoje como um romântico, amanhã será o cumpridor de uma lei promulgada por autoridades ecologicamente responsáveis e conscientes. Isto não é ficção, mas a execução de uma lei absoluta da economia – a oferta e a procura. Quando a demanda da vida se fizer de uma certa forma, quem puder provê-la terá um vasto mercado.

Tudo isto pode parecer muito à frente de nossa realidade e, em certas áreas mais do que outras, o é. Mas atente para o fato de que aqueles que conseguem desenvolver "reverências" estão sendo valorizados em sua empregabilidade. A busca por indivíduos éticos, ou com preocupação ética, tem aumentado e crescerá muito. Os designers de reverências para governos, empresas ou qualquer organização humana atuante serão os construtores do futuro. Na verdade, qualquer trabalhador terá que estabelecer suas próprias reverências para sobreviver.

Não haverá trabalho e contribuição à sociedade sem, no mínimo, rudimentos de espiritualidade.

O QUE É ESPIRITUALIDADE?

A espiritualidade sempre foi uma produção da inquietação humana e de suas dúvidas. Três são as perguntas principais da espiritualidade que as outras formas de inteligência evitam ou tratam de forma superficial ou pragmática: "de onde viemos?", "qual é a nossa função?", e "para onde vamos?".

Tais perguntas podem parecer irrelevantes, se considerarmos a busca por' eficiência que se faz por meio do conhecimento, da compreensão e da intuição. Essas perguntas não são importantes para se acenar nada, para resolver nada ou para ter sucesso em nada. No entanto, são fundamentais para se obter paz e alegria.

A paz e a alegria são os sentimentos que se produzem quando estamos em dia com nossas obrigações e direitos. Quem não doa de si de forma apropriada ou não recebe dos outros na medida apropriada não encontra paz ou alegria. *Reverenciar é conhecer certos princípios da vida, sabendo valorizá-los e priorizá-los.* Esses princípios essenciais compõem a preocupação da espiritualidade. Quais seriam esses princípios?

O místico Lawrence Kushner classifica as principais afirmações da espiritualidade em seis reverências essenciais:

1. A realidade é feita de várias camadas.
2. O mundo é uma passagem.
3. Tudo está interconectado.
4. Você está em todo o Universo e todo o Universo está em você.
5. Tudo é Nada.
6. Todos nós fazemos parte do processo de transformação do Universo.

A espiritualidade é a inteligência baseada na incerteza, que produz as seis afirmações acima. Repare que provavelmente elas fazem sentido sem que possamos comprovar qualquer uma delas. A tarefa de quem "reverencia" é a de constituir políticas e planos de ação individuais e coletivos que tenham como referência essas seis afirmações.

CONTROLE x PRESENÇA

Outra forma de definir inteligência é pela capacidade de estabelecer conexões, de "relacionar". Para a lógica, isso significa "bananas com bananas e maçãs com maçãs". A relação, no entanto, em seu sentido mais abrangente, é o processo contínuo de contato e encontro de um elemento com outro. É a relação que permite a uma pequena peça de engrenagem fazer-se parte do todo de um mecanismo. A existência da engrenagem não é suficiente para torná-la real e eficiente. Isso só lhe é fornecido pela relação que estabelece com as outras peças à sua volta.

É a relação que permite o estado de "presença", de estar-se em dado lugar em dado tempo. E a presença é a única forma de se realizar aquilo que nos é apropriado realizar.

Qualquer um reconheceria que não é a mais oportuna das ocasiões tentar fechar um negócio quando se está sonolento. Queremos estar alertas, presentes e atentos a todas as situações que possam ocorrer em uma transação. Assim é a presença no seu sentido mais amplo. Aqueles que estão não apenas intelectualmente presentes, mas emocional e espiritualmente presentes, se tornam mais aptos e capazes de atuar na realidade.

Mas como se intensifica a presença? A presença está diretamente relacionada ao descontrole. Quanto maior o controle, menor a presença. A presença é a disposição de estar em relação e esta só acontece no próprio momento. Quanto mais nos preparamos, quanto menos espontâneos pela elaboração de estratégias e expectativas, menor será a nossa capacidade de nos relacionarmos com dado momento. Estaremos predispostos e, nessa condição, menos atentos a oportunidades e situações inesperadas que possam ocorrer.

Por outro lado, é importante enfatizar que esse processo de presença obviamente não exclui a racionalidade ou mesmo certos aspectos do controle. O controle pode ser um instrumento, mas não o veículo da presença. O veículo, o meio, pelo qual nos colocamos em relação com o que há à nossa volta, é o descontrole.

A medida da presença pode ser aferida pela "surpresa". Todo processo eficiente deve produzir aspectos e situações surpreendentes. Sem surpresa, quando se busca controlar a realidade antecipando-a à presença, há perda de "inteligência" e, subsequentemente, de qualidade de vida.

Na tradição judaica, há duas palavras com o significado de alegria: "sasson" e "simchá". A última denota satisfação por tudo estar em ordem, sob controle. Uma festa de aniversário é uma "simchá", uma alegria projetada e marcada para acontecer a tal dia e a tal hora. "Sasson", por sua vez, significa a alegria de ser surpreendido por uma satisfação inesperada. Viver essa forma de alegria depende de não se exagerar nas doses de controle.

Em português mesmo, possuímos a raiz da palavra "joia". Do mesmo radical da palavra inglesa "joy", ela representa júbilo espontâneo e surpreendente. A gíria dos anos oitenta resgatara esse sentido, fazendo uso da expressão "tudo joia!" Seu significado etimológico era profundo, uma vez que expressava a disposição para a surpresa. Era como uma declaração: "Estou tão bem que estou pronto a estar aqui presente e usufruir o que este momento me apresenta." O uso da presença é sempre o instrumento para a alegria que é, em si, o fim de qualquer processo "inteligente".

Podemos agora entender que inteligência e presença são a mesma coisa e que a presença é uma medida de relação com o mundo externo. Quanto mais profunda for essa relação, maior a inteligência. Portanto, é medida de inteligência a capacidade de "encontros" de um indivíduo. É esse o segredo do mau aluno que se torna bem-sucedido. Ele compensa sua pouca capacidade de realizar relações racionais com a capacidade de manter relações físicas, afetivas e espirituais verdadeiras. Aquele que obtém alegria e paz é, com certeza, um artista ainda de maior refinamento na arte da inteligência ou, como agora podemos dizer, na arte de estar presente.

ENCONTRO E INTELIGÊNCIA

Distinguindo quadros, janelas, portas e portais
"Conta-se que foram convidados para um casamento dois importantes rabinos hassídicos* para cooficiar – Rabi Levi Itschak de Berdichev e o Alter Rebbe, o Rabino Shneur Zalman. Os dois tinham características diferentes. Rabi Levi era conhecido como pessoa de grande espontaneidade, cuja alma era puro 'fogo'. Para ele não existia o mundo, apenas a realidade de Deus. Já o Alter Rebbe era alguém para quem Deus era obviamente importante, mas existia o mundo e sua realidade. Quando orava, Rabi Levi se deslocava pela sinagoga de tal maneira, que em dado momento estava em um local, logo em outro. O Alter Rebbe, por sua vez, permanecia fixo em um único lugar. No dia do dito casamento, quando os dois se dirigiam à sala em que se realizaria a cerimônia, se depararam com uma porta muito estreita, por onde não poderiam passar juntos. Como é de costume, em deferência, um propôs ao outro: 'Por favor, passe primeiro!' O outro recusou: 'Não, de forma nenhuma, passe você primeiro.' Ficaram assim por alguns instantes, até que Rabi Levi disse: 'Passemos pela parede!' Ao que retrucou o Alter Rebbe: 'Não... é suficiente alargarmos a porta.'"

(como relatada pelo Rabino Carlebach Z"L)

O que essa história tem de especial é uma definição muito importante e precisa do conceito de "portais", e estes, por sua vez, estabelecem as condições necessárias para o encontro. Fazendo uso da imagem da "casa" com portas e paredes, nossa história está preocupada em chamar atenção sobre a diferença, ou

---

* Hassidismo: Movimento judaico de renovação espiritual fundado por Israel Ben Eliezer (1698-1760), o *Baal Shem Tov*, na primeira metade do século XVIII, na Europa Central. Este movimento resgata práticas místicas que incluem a Cabala, além de cânticos, danças e, sobretudo, lendas e fábulas que retratam a ética e a visão de mundo dessas comunidades.

melhor, sobre a individualidade. Todas as relações e, portanto, inteligências têm como ponto inicial as fronteiras de nosso ser, de nossa individualidade. Estamos todos em uma casa. Nosso lar doce lar é o "eu".

Esse "lar" é constituído de separações e delimitações de espaços. Essa é sua função, ou seja, oferecer proteção e segurança por meio destas limitações. No entanto, formas de comunicação com o mundo exterior são necessárias. Se elas não existirem, a casa se torna uma prisão e, de um meio gerado para proteger e promover a vida, se torna destrutiva.

São quatro as formas de se criar aberturas e comunicação para além desse espaço delimitado: 1) quadros, 2) janelas, 3) portas e 4) portais. Essas comunicações, como veremos adiante, representam relações distintas com o mundo externo e, como tais, quatro diferentes níveis de inteligência.

A primeira, quadros, é uma comunicação falsa. Os quadros podem estampar belíssimas paisagens de campos e florestas, mas são estáticos e não permitem qualquer interação real. Apesar de produzir um efeito de maior amplidão e menor clausura do que um espaço delimitado, essa comunicação é ilusória. Em termos de relações, os quadros representam uma relação do tipo "eu-isto". Não há verdadeira possibilidade de comunicação com o mundo real por intermédio do quadro. Podemos imaginar e fantasiar através do quadro, mas qualquer troca com a tela acontece de nós para nós. Há possibilidade de riqueza e arte na troca com um quadro, mas esta não é uma relação de presença e descontrole uma vez que não há "outro" envolvido.

Essas são as relações de controle absoluto. Finge-se que há uma realidade externa, mas não há qualquer abertura a essa realidade.

Conta-se que duas empresas resolveram estender sua competição para a área atlética. Organizaram uma regata de remo de "dez-com", isto é, nove pessoas remando e uma orquestrando as remadas. Uma foi vitoriosa com larga folga. A perdedora resolveu contratar os melhores consultores para entender por que haviam perdido por tão larga margem. Após meses de exaustivo estudo, os técnicos concluíram: "Perdemos porque o competidor tinha nove pessoas remando e uma comandando, enquanto nós tínhamos nove comandando e apenas uma remando." Qual a solução então? Os consultores ficaram de apresentar estratégias para a correção do problema. Passados mais alguns meses de estudo, concluíram: "Para melhorar o resultado, esse indivíduo que está remando deve fazê-lo com mais força e rapidez."

Aqui não há qualquer possibilidade de uma inteligência que interaja com a realidade. O desejo por controle (consultores são muitas vezes o braço profissional desse sentimento) impede qualquer solução que venha a mexer com estruturas e conceitos. A solução tem de acontecer em um ambiente sem "encontro" e risco. Nesse caso, a resolução nunca chega a ser um processo, mas a simples expressão de um desejo.

As janelas, por sua vez, são uma abertura real para o mundo externo, apesar de não terem a função de nos permitir entrar e sair do mundo externo. Vemos o mundo externo através delas e este também nos vê. Mas há um distanciamento da realidade. As janelas podem nos surpreender, mas ainda assim estamos protegidos pela separação e pelo controle – vejo o que acontece lá fora mas não está acontecendo comigo. As televisões são janelas. E as telas, em particular as da internet, são janelas *(windows)*. Elas permitem uma experiência com uma certa dose de descontrole, que denominamos "virtual". O que é virtual pode ser até percebido como uma forma de relação, mas representa uma maneira muito limitada de presença. Isto porque o "outro" na condição virtual se torna controlável. Basta fechar a janela ou não abri-la e o "outro", a surpresa e a interatividade, desaparecem. O "outro" não tem rosto e a nosso bel-prazer pode ser transformado em um "isto".

Já as portas nos colocam frente a frente com o "outro". Podemos fechá-las ou não abri-las, mas, uma vez que estejam abertas, permitem não apenas que saiamos, mas que o mundo por elas adentre. Essa presença é real. Através dela vemos uma realidade menos idealizada. As pessoas são melhores e piores do que imaginamos. Nós mesmos somos piores e melhores do que imaginamos. E nessas categorias – melhores e piores – se expressa a surpresa. Somos então surpreendidos pelos outros e por nós mesmos. Desses encontros pelas portas resulta maior inteligência. Por outro lado, a porta, pela exposição que representa, coloca a "casa" em verdadeiro risco. Não é raro colocar-se nelas fechaduras e toda a sorte de proteção, reconhecendo que a "casa" e o controle se tornam vulneráveis à surpresa existente na presença e no encontro.

É nos portais, porém, que a inteligência espiritual se faz presente. Os portais simbolizam uma presença radical, comumente associada a sensações muito fortes de desagregação e perda de controle. Os portais são portas que, elas mesmas, se prestam à "surpresa" – podem ser mais amplas do que inicialmente previstas ou podem até mesmo desarticular o conceito de paredes e sugerir "passar-se por elas". É o rompimento desse senso de "casa" que está por trás do temor de desagregação que os portais disseminam. O rompimento, no entanto, não é total, uma vez que mesmo portas alargadas ou paredes permeáveis ainda resguardam certa estrutura de "casa" ou de individualidade.

Todo momento de criatividade, inspiração e genialidade depende dessas portas mais amplas ou de paredes que se desfazem. E, para poder experimentar isso, são necessárias paredes que possam se desfazer ou ceder espaço para portas ainda maiores, sem a perda do senso de "casa". É esse senso de "casa", ainda que escancarada para a realidade externa, que se constitui em uma "reverência".

Desse encontro maior com o que está fora de nós – no limite da perda de nossa própria identidade por conta de tanta identificação e contato com o que nos é externo –, é que se produz uma forma muito especial de "inteligência". Ela é um passeio para fora de nossos bloqueios e ilusões e nos coloca muito próximos da realidade.

SENSOS E
REVERÊNCIAS

Os sensos são os instrumentos mais importantes de nossa jornada e navegação pela vida. Nossa atuação os têm como referência a todo instante, mas não os compreendemos bem. Acreditamos que são processos racionais de pensamento, quando são referências básicas construídas a partir de nossas experiências. O senso de equilíbrio, o senso de direção, o senso de propriedade e tantos outros são feitos dos mínimos ajustes e acertos que a experiência propicia à medida que nos expomos e arriscamos.

É comum não percebermos que nossas decisões são baseadas principalmente nesses sensos. Elas não são, como gostariam muitos, produto de processos decisórios racionais. Hoje, propagam-se as mais variadas técnicas de "tomada de decisão", como se as mais importantes decisões pudessem ser o resultado do esquadrinhar de estratégias e lógicas. O que esse processo racional de decisão almeja é reduzir ao máximo possível o risco. Mas, com o risco, reduz-se também a possibilidade de criatividade e inteligência em algum nível. Tais decisões podem no máximo chegar a ser "janelas" ou, na melhor das hipóteses, "portas".

Elas jamais alcançarão o potencial de se fazerem "portais". Portas mais largas ou paredes que possam ser atravessadas dependem definitivamente dos sensos.

A navegação de nossas vidas ocorre por meio do processo de decidir, fazer, e, só então, explicar. A explicação é sempre a última etapa, pois é ela que nos justifica. Mas a explicação não é a verdadeira razão pela qual tomamos uma decisão. Ela pode às vezes até coincidir, mas é um terceiro momento da experiência. A decisão inicial é baseada nesses instrumentos sofisticados que identificamos como sensos.

Portanto, aperfeiçoá-los é a melhor maneira de que dispomos para alcançar decisões mais apropriadas e que nos aproximem ao máximo do que desejamos para nós e para nosso mundo. Os parâmetros pelos quais esses sensos se guiam é o que chamaremos de reverências. No espaço vazio, diziam os rabinos, não há direita ou esquerda, mas uma volta de 180° nos leva para o caminho oposto. Saber qual é o caminho e qual é o caminho oposto é o sistema binário (0 ou 1) do mundo espiritual. O que reverenciamos e o que não reverenciamos são os únicos parâmetros para os sensos.

Sensos e contrassensos
Exercícios na contramão

MAIS DO QUE EXPRESSÕES de lógica, os sensos manifestam as possibilidades. O que é possível é logo encampado pela normalidade e pela sensação de obviedade, mas é importante lembrar que, até então, não era assim percebido. Os sensos, portanto, ao contrário das certezas, se nutrem das exceções e dos contrassensos. Quando o discípulo pergunta ao mestre como desenvolver o bom-senso, ouve a seguinte resposta: "O bom-senso se obtém da experiência; e a experiência se obtém do mau senso." Ou seja, o bom-senso se obtém do mau senso.

Esta é a ideia de um portal. Um portal desafia o que até o momento de sua concepção é visto como uma impossibilidade. Atravessar a parede é a fantástica capacidade que possuem aqueles que já trombaram inúmeras vezes em paredes. O que admiramos muitas vezes nos mestres, e que percebemos como mágico ou supra-humano, é sua capacidade de fazer coisas que nos parecem impossibilidades. O que não enxergamos é o processo profundo de colidir com paredes que os permitiu conhecer os portais.

São essas impossibilidades eficientes que ajudam a perseverar no caminho de conhecer portais. Toda a experiência que nos derruba, que joga por terra nossos conceitos e percepções é reveladora. Esse tipo de experiência não só nos qualifica gradualmente a lidar com a vida de forma mais aberta e eficiente, como favorece a crença e a reverência. Se tantos portais existem, se tantas formas de se passar pela parede ou fazer a porta mais ampla existem, sabe-se lá o que é possível e que, para mim hoje, se apresenta como impossível.

Este aprendizado se dá pela contramão. Fazer o contrário do que o bom-senso nos recomendaria e perceber que este é o verdadeiro bom-senso é a forma mais eficaz de depurar e refinar nossos sensos.

Conta-se que, no sul dos Estados Unidos, a loja de um judeu começou a ser alvo de pedras lançadas pelos meninos do vilarejo dominado pela Ku Klux Klan. Influenciados pelo racismo, os meninos viram na pequena mercearia um alvo ideal. Ao final do dia, o comerciante saiu de sua loja e em tom desafiante interrogou os meninos: "Quem foi que ficou jogando pedras em minha loja o dia todo?" Passado o primeiro instante de temor por se verem arguidos, os meninos foram um a um recobrando confiança e se delataram: "Eu.... e eu.... e eu, por quê? O que você vai fazer?" O comerciante tirou do bolso um bolo de notas de um dólar e deu uma cédula a cada um que havia se delatado. Os meninos não entenderam nada e voltaram correndo para suas casas.

No dia seguinte, havia o dobro de meninos jogando pedras. Ao final do dia, a mesma cena se repetiu. O comerciante foi em sua direção e fez a mesma pergunta: "Quem passou o dia jogando pedras na minha loja?" Os meninos entusiasticamente se delataram. O comerciante tirou dinheiro do bolso e remunerou cada criança que se denunciou com cinquenta centavos.

No próximo dia havia uma quantidade inacreditável de crianças jogando pedras. Mais uma vez, no final do dia, o comerciante repetiu a mesma cena. "Quem jogou pedras na minha loja?" A pequena multidão disputava delatando-se: "Eu... eu..."

O comerciante então tirou dinheiro do seu bolso e começou a distribuir dez centavos a cada um dos meninos. Eles olharam com indignação e responderam em consenso: "O quê? Ficar o dia todo jogando pedras por esses míseros dez centavos?" Partiram indignados e nunca mais voltaram.

Agir na contramão de nossos interesses é difícil. Agir na contramão de nossas percepções, que muitas vezes não passam de interesses disfarçados, é igualmente difícil. O que o comerciante faz – remunerar a quem o prejudica –, não é um contrassenso, como parece. Ele percebe o quão vazio e destituído de intenção real é o ato de jogar pedras. Questioná-lo e entrar em conflito com os meninos é dar-lhes subsídios para sua vazia intenção de jogar pedras. Ao contrário, o comerciante se dispõe a dar nova "intenção" ao ato de jogar pedras. Os meninos vão sendo convencidos de que seu propósito é a remuneração, que vai se tornando tão minguada a ponto de indigná-los.

O comerciante sabe identificar um portal porque é capaz de se relacionar com aquela situação de forma viva. Ela não é um quadro ou uma janela, mas uma questão real e, como tal, demanda interações e soluções criativas e intuitivas.

Em outro exemplo de eficácia da contramão há a anedota do comerciante que tem um caminhão de mercadorias sem nota fiscal sendo descarregado na frente de sua loja. Mal haviam começado a descarregar, um carro da polícia com fiscais se aproximou. Os funcionários correram para a loja assustados e disseram: "Os fiscais estão chegando... mal começamos a descarregar a mercadoria e não temos nota. O que vamos fazer?" O comerciante calmamente reagiu: "Voltem lá e lentamente comecem a carregar o caminhão novamente." Sem entender como isso poderia resolver seu problema, fizeram como foi ordenado. Nesse meio-tempo, os fiscais chegaram e perguntaram: "Que carga é essa com a qual vocês estão carregando este caminhão? Vocês têm as notas fiscais?" Os funcionários disseram que não tinham as notas. A reação dos fiscais foi imediata: "Podem descarregar esta mercadoria toda. Ela não vai a lugar nenhum!"

A sabedoria de não nadar contra o repuxo, esse movimento que faz os sobreviventes de afogamento salvarem suas vidas, entregando-se momentaneamente às forças do mar, é um contrassenso profundo. Todo senso verdadeiro é uma mira tão calibrada que não se furta a ir contra si, experimentando aparentes desvios de curso, que nada mais são do que atalhos.

A vida nos pede este tipo de comportamento o tempo todo. Temos dificuldade em assumi-lo porque o controle não permite que nos entreguemos às correntezas. Mas nossa sobrevivência física, emocional, intelectual e espiritual depende dessas decisões de contramão. São elas que nos permitem integrar contradições da vida – e em particular os seus revezes –, como temporários movimentos de sobrevivência. Das quedas e das perdas de controle é que adquirimos maior controle. Ou seja, para poder ter mais paz e "controle", temos que ir pela contramão, desapegando-nos não só de preconceitos mas até mesmo dos conceitos. As portas dão conta dos preconceitos. Os portais abrem mão até mesmo dos conceitos.

Vamos nos permitir entrar em áreas distintas de nossa experiência para que possamos averiguar alguns sensos importantes. Veremos que todo senso verdadeiro tem um norte, uma referência "magnética" que se confunde com a razão maior de as coisas serem do jeito que são. Esse norte é a reverência e a espiritualidade. O ponto focal de um senso deságua nessa dimensão, e esta é a própria definição de espiritualidade: a razão última que nos mobiliza.

Senso de si
Trocando "o que sou" por "quem sou"

O Rabino de Premishlan disse:

"Quando um cavalo vai beber de uma poça d'água, bate com o casco na água. Sabem por quê? Porque ele vê seu reflexo na poça e imagina que há outro cavalo querendo beber a água. Ele bate com a pata para tentar assustar o 'outro' cavalo e expulsá-lo. Cada um de nós, como esse cavalo, vive assustado com seu próprio reflexo e nos recusamos a perceber que tudo é reflexo do Criador. Quanto mais batemos nosso casco, mais forte o outro parece ficar. Às vezes, deixamos até de beber água pelo temor desse outro."

O medo é o maior obstáculo para o senso de si. O que tememos, em última instância, é sempre a perda de nós mesmos. Não percebemos que o temor de nos perdermos de nós mesmos é que cria a noção de si que tanto tememos perder. Como em um círculo vicioso, se deixássemos de "temer", o senso de si também desapareceria.

O senso de si próprio e o medo estão sempre associados, da mesma forma que o senso de si e o sofrimento. Quanto maior o senso de si, maior o medo e o terror, e quanto maior o terror, maior o sofrimento. Se abríssemos mão do senso de si, o medo desapareceria, se o medo desaparecesse, não teríamos um senso de si.

Qual seria, portanto, a saída para esse círculo vicioso? O segredo está em nos livrarmos do drama do "eu" e do "meu". E é aí que o senso de um Criador pode ser tão importante.

"Conta-se que um discípulo bateu na porta do rabino tarde da noite. Este perguntou: 'Quem é?' O discípulo respondeu: 'Sou eu.' O rabino não abriu a porta. O discípulo voltou a bater e o rabino repetiu a pergunta. O discípulo novamente respondeu: 'Sou eu, mestre.' Novamente silêncio. Depois de repetidas vezes da mesma sequência, ao ouvir o rabino perguntar 'quem é?', o discípulo se calou. Só, então, o rabino abriu a porta e fez o seguinte comentário: 'Toda a vez que você respondia usando a palavra 'eu', não havia ninguém lá fora, só ilusão. Pois ninguém além do Eterno pode usar a palavra 'eu' sem ser pura ilusão.'"

Qual seria então a maneira de termos um senso real de quem somos?

A liturgia da manhã na tradição hebraica se pergunta: "O que somos? O que é a nossa vida? Qual é o nosso poder? Qual é a nossa força? O que é a nossa justiça? O que é a nossa compaixão? Nada! Mas, no entanto, 'quem somos?'. Somos Suas criaturas!"

A pergunta "o quê", quando aplicada ao "eu", na verdade, quer dizer "nada". O que somos? Nada, como apontou o rabino ao discípulo que se dizia "eu". Mas se a pergunta for refeita da maneira correta e perguntarmos "quem somos?", em lugar de "o que somos?", então o "eu" ganha significado. Este "eu" representa uma relação (quem), em vez de uma essência (o quê).

Este é o senso mais básico sobre si. Somos em relação aos outros, somos em relação a um Criador.

Nenhuma inteligência baseada na essência (o quê) produz reverência, somente ilusão. E a ilusão é, em última análise, a origem da ineficiência. Apenas aquele que desenvolve um senso de si baseado nas relações com outros, produz para si reverências. Os pais, os filhos, os amigos, os amantes, os oponentes e a natureza são a matéria-prima de "quem somos".

Perceba que a única face que jamais conheceremos é a nossa própria. Podemos nos conhecer de reflexos em espelhos, fotos ou mesmo telas de televisão. No entanto, nunca nos vimos cara a cara. E se isso parece pouco importante, pense em como seria conhecer uma pessoa, digamos seu pai ou mãe, apenas por reflexos, retratos ou telas. Obviamente não teriam a "vida" que o olhar face a face permite.

Ao sermos indiferenciados do meio porque não nos vemos, nosso senso de si não faz sentido como essência, como "o quê". É nos reflexos dos olhos da mãe que nos vemos pela primeira vez. É no reflexo dos olhos de todas as nossas relações que adquirimos o verdadeiro senso de si, de "quem" somos em relação a estes que nos refletem.

Senso de propósito
Trocando "por quê?" por "por que não?"

Este senso é muitas vezes mal compreendido no âmbito da espiritualidade. O senso de propósito que busca ordenar o mundo à nossa volta é constantemente bombardeado por situações de desordem. Qualquer tentativa de gerar propósito é resultado do desejo de controle. Lembro-me de uma situação que vivi ao visitar uma pessoa enferma, em um hospital especializado no que chamavam de "enfermidades catastróficas". Essa pessoa tinha conseguido um processo remissivo de sua enfermidade e acabava de receber diante de mim a notícia de que teria alta. Pude participar de sua alegria e abraçá-la. Saí de seu quarto com uma sensação muito especial de que havia propósito, que alguém tomava conta deste mundo. No entanto, logo me deparei com um corredor que dava para um sem-número de outros quartos, cada um com sua própria realidade.

A ordem que eu queria estabelecer, que me interessava estabelecer naquele momento, não existe. Para ela existir, todos os demais que não tiveram a bênção da cura teriam que estar fora dessa realidade. Não podemos mudar o que nos acontece. Não temos controle sobre o que nos acontece. O que, sim, controlamos e que, sim, podemos mudar é o que fazemos com aquilo que nos acontece.

A maior fonte de nosso sofrimento está em tentar entender "por quê?".

Como um lençol curto, os "porquês" acabam sempre destampando uma parte da realidade, em sua tentativa de cobrir outra parte da realidade.

Aceitar que as coisas podem acontecer conosco e que a vida deve ser vivida a partir de uma perspectiva de "por que não?" é fundamental para uma percepção que não mascara a realidade. "Por que não?" não é uma atitude de complacência, que pretende passar ao largo do sentimento de raiva. Muito pelo contrário: "por que não?" se manifesta como um amadurecimento afetivo saudável das raivas. Isto porque essa condição significa que nossas frustrações e dores apenas doem. Quem experimenta "por que não?" é um indivíduo que sente dor, mas que não fica sofrendo, na tentativa de impedir que essa dor seja sentida novamente. A dor constitui-se a partir de uma experiência desagradável, mas não é apenas isso. A dor é um senso que revela a realidade. Ela aponta para maus funcionamentos tanto físicos quanto afetivos e representa pontos de encontro entre o existir e a realidade. Por um lado, a dor permite correções que "curam" ou minimizam seu desconforto, mas esta talvez não seja a sua função. Como os olhos que foram feitos para ver o que queremos e o que não queremos, também para com a dor não podemos ter uma cobrança diferenciada. Esperar que o senso produzido pela dor seja apenas funcional (ficar bom), e não uma medida de relação com o mundo, é comparável a indignar-se: para que ter olhos, se é para ver o que estou vendo?

Uma conhecida parábola chinesa ilustra este senso:

"Um homem tinha um belo cavalo cobiçado pelo vilarejo. Ofereceram-lhe uma boa soma para comprá-lo. Ele não aceitou. Passados alguns dias, o cavalo fugiu de seu cercado e desapareceu. Os vizinhos comentaram com o homem: 'Teria sido melhor vendê-lo!' O homem reagiu: 'Pode ser que sim, pode ser que não.'

"Certa noite, o cavalo retornou e, como havia se tornado líder de uma manada selvagem, com ele vieram também duas dezenas de outros cavalos. Os vizinhos comentaram: 'Você fez bem em não vendê-lo!' O homem respondeu: 'Pode ser que sim, pode ser que não.'

"Certo dia, o filho deste homem foi montar o dito cavalo. Caiu, fraturou a bacia e ficou por mais de seis meses em repouso absoluto. Os vizinhos comentaram: 'Teria sido melhor vender o cavalo!' O homem retrucou: 'Pode ser que sim, pode ser que não!'

"Eclodiu uma guerra na região e todos os jovens foram convocados com exceção do filho deste homem, que estava se restabelecendo de suas fraturas. Dessa guerra sangrenta, poucos retornaram com vida e raros foram os que não tiveram alguma sequela física dos ferimentos. Os vizinhos comentaram: 'Você fez bem em não vender o cavalo!' Ao que o homem respondeu: 'Pode ser que sim, pode ser que não!'"

Sempre que buscamos uma leitura deste mundo com o senso de "por quê?", queremos congelar o processo de vida. O porquê que podemos encontrar em dado instante se dissolve em outro instante, uma vez que a vida é uma dinâmica, modificando perspectivas a todo momento. A percepção de "por que não?" deixa aberta a possibilidade que o homem transmitia com seu "pode ser que sim, pode ser que não".

Tudo que ele fez com o cavalo foi tomar a decisão de não vendê-lo. A ideia de que existe uma decisão correta que vai, no final da história, mostrar-se a mais vantajosa é parte da ilusão e do desejo de controle.

"Por que não?" nos libera do destino traçado por acertos e erros do passado e abre a possibilidade de ser o presente o determinador da experiência.

"Por que não?" não é a ausência de propósito, mas é o propósito espiritual – o propósito da penumbra e não o da claridade. Sua vantagem está em nos liberar para lutar pelo presente e pelo futuro, em vez de fazer com que nos percamos no imobilismo de "entender" o passado.

Senso de confiança
A ideia de "lá em cima"

O DESENVOLVIMENTO DE UMA ATITUDE interna de "por que não?" só pode acontecer acompanhado de um sentimento profundo de confiança. A palavra confiança tem sua raiz na palavra "fiar" – esperar, ter esperança. E a confiança não é uma racionalização humana, mas um sentimento básico. A fome é aplacada pelo peito materno que nos revela um profundo segredo deste universo: há uma "preocupação" com cada necessidade. Na verdade, a própria necessidade é parte de um processo que busca saciá-la. Podemos não ter a necessidade saciada (por que não?), mas reconhecemos uma ordem implícita a tudo que é vivo a partir do fato de que só existem necessidades quando essas podem ser saciadas. Nenhum processo vivo se constrói com base em impossibilidades. A criança com fome; diante de sua primeira fome, não poderia imaginar o fantástico instrumento de um "peito", desenhado para acoplar-se à sua ânsia. A existência desse peito comprova "ordem". Mesmo para aqueles que não conhecem o peito que sacia, seja por mau funcionamento físico ou afetivo, o "peito" existe.

É desse dado real que se desenvolve o senso de confiança.

Há "fiança" – expectativa e esperança –, o que, por si só, é ordem em altíssimo grau. Uma história hassídica descreve a atitude de vida que "confia", demonstrando, além de sua inteligência, sua mágica eficiência.

"No inverno gelado da Rússia, o rabino não deixava de fazer seus banhos rituais no rio quase congelado. Seus discípulos não conseguiam compreender como um homem de idade conseguia enfrentar águas tão geladas. Resolveram, então, experimentar fazer o mesmo para ver se conseguiam. Para surpresa deles, não foram as águas geladas seu maior desafio, mas, sim, a saída da água. As margens congeladas e inclinadas formavam um obstáculo quase intransponível. Os discípulos escorregavam e com grande dificuldade, apenas com o auxílio um do outro, conseguiram escalar as margens. Correram, então, ao rabino curiosos.

"'Rabino, agora sabemos o quão difícil é entrar na água gelada, mas como é que o senhor faz para subir as margens congeladas e tão escorregadias?'

"O rabino, então, explicou: 'O segredo, meus queridos, é ter sempre em que se segurar lá em cima!'"

"Lá em cima" é o lugar da ordem. Em cima e embaixo, determina a percepção básica de ordem. Quando nos sentimos desprotegidos, nos sentimos sem "mãe nem pai". Ou, diante de injustiças, queremos saber "Quem é o gerente? Quem manda neste lugar?" Buscamos apoio no que há em cima. A justiça ou a segurança nem sempre será restaurada pelo que há em cima, mas saber que existe, que é real, que é uma possibilidade já contemplada, é uma leitura correta (e, portanto, eficiente) da realidade.

Sem o desenvolvimento desse senso, fica muito difícil subir certas muralhas na vida. O coeficiente de atrito da vida à nossa volta se torna muito pequeno para que possamos continuar de pé, sem essa ajuda "lá de cima", ou deste senso de confiança.

É importante notar que "lá em cima" não é a experiência de ter sempre sua necessidade saciada do peito salvador que vem de cima. Muito pelo contrário, advém não só da experiência de conhecer esse "peito", mas, principalmente, de sua ausência. A carência que se expressa em choro e demanda, mas que não perde o senso de que há no que se fiar, o que esperar, terá diante de si sempre a possibilidade daquilo que vem "lá de cima".

"Conta-se que certa vez um rabino juntou-se a um grupo que admirava os feitos de um equilibrista circense. Os discípulos se admiraram ao vê-lo em situação tão mundana e o questionaram. O rabino, então, perguntou:

"'Vocês sabem como ele consegue?' E sem esperar resposta continuou:

"'Regra número um: em nenhum momento desviar sua atenção para o chapéu no qual lhe depositam dinheiro em reconhecimento. Se perder a concentração no que está fazendo, cai imediatamente.

"'Regra número dois: não prestar atenção no próximo passo, mas mirar em direção ao mastro no final da corda. O objetivo é que permite o equilíbrio e oferece estabilidade para o próximo passo. Mas qual é o momento mais difícil e mais importante de sua tarefa?'

"Os discípulos se entreolharam confusos.

"Ele respondeu: 'É o momento em que chega no final da corda e tem que dar meia-volta. Nesse momento, ele fica sem o mastro como referência. Aí, ele depende de um centro que ficou interiorizado nele.'"

Nesse quase "manual" de procedimentos, vemos lições importantes. Não buscar apenas a recompensa imediata, pois desequilibra. Não deixar de ter um objetivo para mirar, sob o risco de perder o equilíbrio. Porém, mais importante que qualquer coisa é adquirir a possibilidade da confiança, de internalizar a referência externa, para perseverar quando ela não estiver disponível.

FRONTEIRAS DA INTELIGÊNCIA

Como o peito materno que nos dá direção para encontrar confiança, como todas as situações em que a vida nos sacia necessidades – de ar, de espaço, de calor, de pressão etc., devemos aprender a internalizar esse peito para que ele seja marco de confiança nos momentos em que não estiver disponível.

Nessas viradas em nossas vidas, quando aparentemente não deveríamos contar com nenhuma referência, nenhum mastro que nos oriente, nenhuma esperança palpável; o senso de confiança é um centro imprescindível.

Essa inteligência é de profunda eficiência no que diz respeito à própria morte e, talvez, mais importante ainda, para não se temer a morte através da vida. Toda a vida que integrar o senso de "por que não?" com o de "lá de cima" terá alcançado algo tão poderoso como a imortalidade: a liberdade do terror da morte.

Senso de passagem
Se não agora, quando?

UM DOS GRANDES OBSTÁCULOS à inteligência é o desejo de rotina. A rotina é o mecanismo pelo qual conseguimos ocultar de nós mesmos um dos sensos mais importantes de que dispomos: o senso de passagem. A rotina busca principalmente a previsibilidade e o controle. E todos nós – alguns mais outros menos –, fazemos uso desse truque para evitar a dor egoica de nossa transitoriedade.

É comum vermos pessoas de mais idade transtornadas ao perceber um único objeto fora do lugar. Esse objeto é a porta de entrada de uma importante condição da realidade que é a imprevisibilidade. Aquilo que está fora de lugar é o amanhã que pode não existir. Nossas agendas, nossos planos de viagem, nossos projetos estão repletos desse sentimento que parece nos garantir aquilo que iremos fazer dentro de dois, quatro ou sete anos. Mas esses anos à frente podem muito bem não existir. A condição do futuro, mesmo o mais próximo – amanhã ou o próximo momento – é a inexistência.

Esta distorção na leitura da realidade pode ter um enorme impacto sobre nossa qualidade de vida. Todas as prioridades podem ser alteradas por uma suposição errônea acerca dos recursos de tempo de que dispomos. Não há estratégia que possa ser minimamente eficiente, quando sua concepção de prazos e limites está totalmente equivocada. São essas estratégias com mapas errados da realidade que nos causam tanta ansiedade e mal-estar. Sabemos não estar em dia, temos a noção de que não estamos prontos a partir deste mundo no próximo segundo, e nossa impotência quanto a isso nos dá raiva e medo.

Mas o que seria estar pronto? Essa condição é muito especial e simples ao mesmo tempo. Estar pronto para partir deste mundo a qualquer momento significa viver a máxima do sábio Hillel: "Se não agora, quando?" Essa atitude diante da vida não significa um comportamento imediatista, incapaz de construir e investir. Muito pelo contrário, faz uma leitura correta da realidade: o amanhã pode nunca existir, mas é provável que exista. Por isso, o senso é de passagem e não de finitude. Afinal, a noção de fim só é pertinente para quem não vive a passagem. E a passagem só é vivida nesta valorização do "agora" como o patrimônio maior da existência. Quando vivenciamos esse tempo presente e toda a sua potencialidade, adquirimos um bem-estar próprio de quem não vive pelo temor da finitude e de sua injustiça. Isso porque quem vive o agora como o derradeiro momento, não tem por que constantemente registrar as "injustiças" da realidade.

Rever nossa rotina como um truque que nos traz prejuízos afetivos enormes é uma tarefa de terapias psicanalíticas, calcadas neste senso da espiritualidade que é a noção de passagem.

Uma história de origem chinesa bem exemplifica este senso com objetividade:

Conta-se que um imperador resolveu mandar fazer um jardim espetacular. Para sua inauguração, desejava descerrar uma placa comemorativa que tivesse dizeres muito especiais. Convocou os mais respeitados pensadores de seu reino para uma disputa, e o mais sábio foi comissionado a produzir a frase, que deveria ser a mais alegre e a mais positiva que se pudesse criar.

O sábio refletiu por meses até encontrar estes dizeres tão especiais e positivos. Na hora em que o imperador descerrou a placa, estava escrito: "O avô morreu; o pai morreu; o filho morreu." O imperador ficou irritadíssimo. Afinal, pedira algo alegre e "para cima", como entender este sábio que lhe apresentava uma lista de mortos?

Exaltado o imperador cobrou: "O que significa isso?"

O sábio respondeu: "Não há nada mais alegre e especial do que as coisas acontecendo a seu tempo!"

Não há nada mais triste que a inversão dessa "ordem", que é o resultado (graças a Deus ou à ordem) mais provável, mas não garantido, da realidade. E é isso que o sábio quer dizer: essa é a alegria máxima – em si a ordem máxima pela qual ficamos gratos. A vida pode ser vivida sempre com alegria, mesmo quando essa expectativa de ordem é frustrada, desde que se esteja vivendo uma medida saudável de "se não agora, quando?" O que o sábio apresenta ao imperador é a situação máxima, a mais especial possível. E há alguma outra possibilidade melhor do que a vida plena para suas gerações passageiras? Não.

O que esta história possui de mais forte é a capacidade de mostrar o cenário mais "ordenado" possível para os seres humanos e, mesmo assim, apresentá-lo sob a forma de transitório.

É somente essa sensação, esse senso de passagem, que liberta os indivíduos do jugo do que está por vir. E essa liberdade é o que conhecemos como bem-estar. O futuro não é um sonho, mas um pesadelo, se por conta dele abdicamos da potência do presente. Sempre que a palavra "quando" for usada para aquilo que é fundamental em nossas vidas, só existe uma resposta: "agora!"

Senso de limite
Porque sim!

O SENSO DE PASSAGEM PRODUZ um outro senso, a reverência ao limite. Conhecer limites é uma forma importante pela qual a inteligência se expressa. É comum acreditarmos que este senso se desenvolve a partir de regras de lógica que nos permitam calcular riscos. No entanto, o limite só é dado por um limite real, tal como é nossa passagem.

Na questão do dinheiro, diz a máxima: "Qual a quantia de dinheiro que é suficiente? Só um pouquinho mais." Se não começamos a pensar do fim para o começo em certos processos de discernimento, jamais encontramos parâmetros inteligentes para agir. Uma prática antiga realizada pelos escribas e calígrafos é, a partir de certo ponto de uma linha, passar a escrever do fim para o começo. Só com essa técnica conseguem perceber o limite real e produzir uma estética que de outra forma não conseguiriam. Os olhos que enxergam o limite, automaticamente, processam formas mais inteligentes de conduta. O mesmo acontece com nossas questões existenciais. *A partir do momento em que nos tornamos conscientes da transitoriedade da vida, mesmo que não saibamos com precisão sua extensão, buscamos atitudes que levem em conta a realidade de forma mais precisa e abrangente, produzindo tanto eficiência como bem-estar.*

A noção de limite pode ser percebida como um fator de sensibilidade, quando analisamos uma simples questão "matemática". Quem é mais rico? Um indivíduo que tenha 100 unidades de dinheiro ou um que tenha 200? A lógica sem o uso do limite nos apontaria como resposta óbvia o indivíduo com 200. Porém, se o indivíduo que tem 100 almeja chegar a 200, e o de 200, chegar a 400, o primeiro se torna mais "rico" (próximo de sua meta), pois lhe faltam apenas 100, enquanto o outro precisa de mais 200.

O limite determina uma realidade distinta da que percebemos, quando não o consideramos. A compreensão de que o limite modifica a realidade permite leituras bem mais precisas dessa mesma realidade. Portanto, tão importante quanto conhecer dados objetivos referentes à realidade é também a capacidade de reconhecer fronteiras e enquadramentos.

Uma impressionante história da tradição judaica revela isso no âmbito existencial:

"Em certa cidadezinha, o rabino local sonhou que em dado dia e hora os mortos da cidade seriam ressuscitados por um período de apenas meia hora.

"As famílias ficaram em polvorosa. Apesar de nutrirem descrença quanto ao presságio do rabino, suas saudades eram tantas que se aglomeraram à porta do pequeno cemitério à espera do momento revelado.

"A ansiedade era tremenda. Poder rever seus entes queridos mobilizou a cidade inteira. E o que fazer em apenas meia hora? Alguns se prepararam para beijá-los e abraçá-los o período todo. Outros prepararam refeições para juntar a família e passarem esses momentos juntos. Alguns tinham questões pendentes, sejam de brigas, desculpas por pedir ou informações que haviam sido levadas à cova pelos falecidos.

"No momento exato previsto pelo rabino, aconteceu algo surpreendente. As covas começaram a se abrir e de dentro delas espíritos puseram-se de pé. Mas, para surpresa de todos, em vez de se atirarem aos braços dos entes queridos, começaram a correr desesperadamente.

"A multidão de familiares e amigos que esperava por carinhos e comoção não podia crer em seus olhos. Seus próprios parentes nem mesmo se davam ao trabalho de percebê-los, simplesmente se punham a correr em dada direção. Começaram, então, a segui-los até encontrar o local para o qual se dirigiam.

"Esse lugar era nada menos do que a Casa de Estudos, a sinagoga, onde os livros da comunidade eram guardados. Os espíritos retiravam livros das prateleiras com grande agitação e pareciam devorá-los.

"Passado o período de meia hora, correram de volta ao cemitério e se posicionaram um a um em suas tumbas e voltaram a seu sono eterno."

Por que teriam tido esse comportamento? Talvez porque o mais importante nesta vida não é mais um ou um último abraço em entes queridos. Fazemos isto como um ato de apego. Seu desejo era por buscar aperfeiçoamento. A meia hora lhes permitia buscar aquilo que de mais precioso existe neste mundo: valores internos. O mundo externo é o mundo da passagem e eles não queriam perder seu tempo tentando dominá-lo, controlá-lo. Obviamente que esse estudo não era apenas informativo ou com finalidades práticas, era um estudo que complementava hiatos deixados pelo limite em sua formação interna.

Meia hora de catarses e de se buscar o crescimento que antes se temia ou se alienara é a opção de quem conhece o limite em sua essência. Os mortos – agora mais vivos do que os próprios vivos – conheciam o sumo da vida como uma medida de experiência interna, e não externa.

Quando as crianças entram na fase dos "porquês", estão testando os limites da realidade. Seu encadeamento quase sem fim de "porquês" leva os pais de explicação a explicação, até que, sempre, sem exceção, terminam em um "porque sim!" Esse "porque sim!" é uma valiosa lição sobre limites. São esses "porque sim!" que nos permitem, como o escriba, traçar do fim para o começo. Dessa forma, graças a esses "porque sim!", nunca há interrupção, nem mesmo falta de estética, no que acontece na realidade.

Senso de direção
Trocando "para onde?" por "de onde?"

TAL COMO UMA INTELIGÊNCIA que nos permita um senso de "lá em cima", também é fundamental desenvolver o senso de "para onde".

Novamente, este senso, como todos os demais, não é retirado de uma estratégia ou de um desejo. Ele se revela na experiência e na relação que se estabelece entre o mundo interno e o externo. Viver é sempre a arte de buscar atender aos desejos e às necessidades internas, com as possibilidades e recursos do mundo externo. Ou seja, enquanto a caminhada é externa, seu leme é interno. É ele que nos coloca em rota na direção para a qual nos lançamos.

Uma história:
Certa vez, um homem se dispôs a jejuar do final de um sábado a outro. Impôs a si mesmo uma disciplina rígida que o levou até a sexta-feira, cumprindo o que se havia proposto.

Na sexta, porém, por volta do meio-dia, a sede se tornou incontrolável. Acreditando que morreria se não cedesse, buscou uma fonte para saciar sua sede. Porém, no momento que ia beber, pensou: "Já esperei tanto... não chegar à minha meta por conta de apenas algumas poucas horas..." Imediatamente afastou-se da fonte e encontrou forças para suportar a sede. No entanto, foi assaltado por um pensamento: "Deixar de beber apenas porque faltam algumas horas não faz o menor sentido. Não foi para isso, para cumprir uma gincana, que me dispus ao jejum! É mais meritório beber do que a hipocrisia de apenas resistir mais algumas horas!"

Voltou, então, à fonte, disposto a beber como a opção mais meritória em sua condição. Mas para sua surpresa, ao se aproximar da fonte, havia perdido a sede.

Ao anoitecer, com a chegada do sábado sagrado, foi realizar suas orações com o seu rabino, seu mestre venerado. Este, entretanto, o tratou com grande desdém a noite toda. Quando já se retirava, o mestre o chamou e disse: "Sua alma é como uma colcha de retalhos!"

Por que o rabino repreende tão fortemente uma pessoa que, aparentemente, tenta lutar contra sua própria hipocrisia? Afinal, o homem de nossa história é capaz de não perceber quando está agindo em resposta a valores externos. Prefere abrir mão da vaidade de "conseguir", ao compreender que sua tarefa era interna e não externa. No entanto, é por conta dessa "sensibilidade" que o rabino o repreende. O rabino sabe reconhecer "truques".

Truques são tentativas racionais (externas) de dar conta de tensões internas. É óbvio que não funcionam, ou que funcionam apenas temporariamente. Além de sua ineficiência, os truques nos afastam ainda mais de resoluções, pois mascaram a situação, impedindo que as tensões se mostrem abertamente. Como certas drogas que aliviam momentaneamente, mas que mascaram condições e impedem diagnósticos.

O rabino sabe que é mais grave a situação do homem da história do que simplesmente a de alguém que transgride um voto. Aquele que come escondido consegue enganar os outros, nosso personagem engana não só os outros, mas, pior, a si mesmo. A perda do sentido interno faz com que ele, mesmo usando dos valores mais nobres de que dispõe, esteja perdido. Essa é a "colcha de retalhos" a que se refere o rabino. O homem está tão cheio de retalhos de si mesmo, que acaba perdido em um labirinto interno de desejos confusos e indecisões. Todas as suas atitudes, mesmo as mais nobres, como a de não ser hipócrita, por exemplo, são apenas truques para produzir uma colcha que substitua a "colcha sem retalhos". Mas essa colcha inteira só é possível se tivermos um direcionamento interno. Ela jamais será feita de aparências ou de cenários que só servem para enganar aos outros, ou, pior, a nós mesmos.

O sucesso e o que construímos em nossas vidas estão diretamente ligados a esse senso de direção, ao que queremos como uma colcha integral.

Conta-se a seguinte história:
Em certo vilarejo, o rabino descobriu que o mais rico milionário da cidade havia feito uma doação fabulosa a um rabino de outra cidade, para ser usada na manutenção de sua Casa de Estudos. O rabino pensou consigo mesmo: "Se ajudou com esta quantia vultosa a Casa de Estudos da outra cidade... o que não estará reservado para nossa Casa de Estudos, que fica na sua própria cidade?" O rabino procurou, então, o dito milionário, que o recebeu com grande deferência.

Após a exposição do rabino sobre o seu trabalho e a grandeza da obra educacional e social que realizava, o milionário se disse disposto a ajudar no que pudesse. Puxou seu talão de cheques, preencheu um cheque e passou-o ao rabino. Quando este viu a quantia do cheque, não podia acreditar. Era uma décima parte do que dera ao outro rabino.

Na saída, ao despedir-se do milionário, o rabino não conseguiu conter sua decepção e ousou perguntar: "O senhor, me desculpe, mas é que soube que a Casa de Estudos da outra cidade recebeu uma ajuda sua bem mais vultosa do que a oferecida à nossa instituição. *Por que essa diferença, se esta, ainda por cima, é a sua cidade?*"

O milionário, surpreso, refletiu por alguns instantes e, então, disse:

"Não tinha parado para pensar sobre isso, mas, agora que o senhor me faz essa pergunta, acho que posso explicar. O outro rabino, quando esteve em minha casa, veio em um dia de muita chuva. Chegou com os sapatos enlameados e ao entrar pisou sem a menor cerimônia sobre meu tapete branco trazido da Pérsia. Logo depois, sentou-se com sua capa ainda molhada em meu sofá importado da França e nem reparou em minha sala com todas as obras de arte e quadros que coleciono. Ele me fez sentir como se tudo isso não valesse nada. E, aí, quando preenchi o cheque, o fiz com um grande montante, pois pareceu-me não valer muito.

"Mas, quando o senhor entrou em minha casa, reparei que prestou atenção nas preciosidades que aqui existem. Percebi o quanto o senhor as valorizava e, quando me pediu para fazer uma contribuição, tudo me pareceu tão valioso que não consegui ofertar outra soma senão aquela que lhe doei."

O rabino da "outra" cidade não era uma "colcha de retalhos". Sua intenção não era externa, mas interna. Compreenda-se que interno não tem nada a ver com um interesse que não seja pessoal. Há, certamente, uma medida de algo pessoal em toda a "colcha inteira", mas a integridade e a honestidade são de ordem interna. A sua colcha não havia sido feita de remendos para que nela coubesse, de forma artificial e manipulada, a realidade. Seu querer era composto de um único querer e não de um somatório de quereres diferentes, ordenados de tal forma a parecer que fizessem um sentido único, que fossem uma única colcha.

Saber preservar um senso de direção é não render-se ao "truque" de que do lado externo poderemos exercer maior controle sobre a realidade.

O drama do mensageiro que esquece o endereço do destinatário não é tão grave como o do mensageiro que esquece além do destinatário, o próprio conteúdo da mensagem. No entanto, a "colcha de retalhos" responde pelo drama do mensageiro que perdeu não só o destinatário e o conteúdo, mas também não sabe quem é o remetente.

Nosso senso de direção está em preservar uma clara noção e quem é o "remetente".

Senso de discernimento
Sabendo antes de saber

NA TRADIÇÃO JUDAICA, AS orações da manhã se iniciam com uma estranha bênção. Nela se reconhece a grandeza do Criador, por dotar o galo de discernimento para diferenciar o dia da noite.

Por que seria essa habilidade do galo tão exaltada? O que existiria nela que a torna tão precisa, para melhor representar uma forma de "inteligência espiritual"?

A capacidade do galo é especial porque ele não discerne o início do dia, quando começa a clarear. Ao contrário, o galo é capaz de registrar o momento em que a noite cessa, antes que o dia tenha realmente se iniciado. E este é seu mérito: conseguir saber antes de se fazer sabido. Mas saber o quê?

Aquilo que o galo discerne – dia da noite – é símbolo maior da relação humana com a vida. A "noite" é sempre uma alusão à escuridão da desesperança e do exílio. O "dia", por sua vez, à claridade da esperança e do resgate.

É interessante notar que a tradição bíblica identifica no personagem do Rei David essa capacidade específica de discernimento. Segundo lendas, ele despertava ao "meio da noite", no instante em que a primeira parte da noite terminava. Para a tradição judaica, a noite se inicia com o pôr do sol e ganha força até o "meio da noite". A partir de então, vai reduzindo sua vitalidade, até que o dia atinja um ponto de "saturação" que faça com que a noite vire dia. Momento este que o galo percebe com sensibilidade.

Os Salmos são o modelo clássico de material produzido por uma inteligência espiritual. E o Rei David, seu autor, personifica o modelo de alguém com um alto coeficiente de inteligência espiritual. Ele não é como seu filho, o Rei Salomão, figura arquetípica do sábio, capaz de uma sabedoria que envolve lógica e emoção. David é menos sábio neste aspecto, porém, é dotado de um fantástico senso de discernimento.

Em seu episódio com Golias, é seu discernimento, sua capacidade de acreditar em algo que ninguém acreditava, que o leva a ser eficiente e vitorioso. Seu resultado provém da determinação de sua fé e de ver luz em meio à escuridão, pois sabia que a noite já terminava.

Segundo a lenda, David despertava justamente ao quebrar da noite, quando esta cessava de ser potente e iniciava seu processo de bater em retirada. Esse momento da noite, que já é o início do dia, mesmo em plena escuridão, é um período extremamente rico. Percebemos isso em nossas vidas, porque é muito mais impactante o momento em que a escuridão se desfaz, do que a própria claridade. E todos nós guardamos memórias muito caras dos momentos em que as coisas pareciam se encaminhar de forma sinistra, quando, para nossa surpresa, revertem de forma positiva. Mais incrível ainda é a sensação do momento exato em que percebemos a mudança do escuro para o claro, justamente quando ainda não há luz.

É por esse motivo que os Salmos são a literatura preferida das pessoas que estão vivendo grandes desafios em suas vidas. Seja em situações de doença, luto ou depressão, os Salmos têm uma eficácia que nenhum outro texto tem, justamente porque sua "esperança" não é da ordem da luz, mas da escuridão que já não é mais viril. Ninguém que vive essas situações encontra inspiração na "luz", ou na proposta de que "tudo vai ficar bem", uma vez que sua condição real está envolta em trevas e incerteza. A profunda sensibilidade dos Salmos está em conduzir ao consolo, sem fazer uso de promessas cuja plataforma é de que tudo está ou estará bem. Esse tipo de "luz" ou de esperança ofusca quem realmente se embate com limites e dúvidas. A especificidade dos Salmos está em ser uma produção literária realizada justamente no "meio da noite", quando ainda é escuro mas o mandato já está revertido à claridade.

Os Salmos restauram uma sensação de bem-estar, sem prometer uma redenção ou resolução banal, mas apenas por delinear saídas. Sua tarefa é apontar que a noite "dobrou" e que à frente reluz o dia. Tal como uma noite de insônia e inquietude que encontra o doce sono do amanhecer e seu beijo esperançoso.

Em outras palavras, é inteligência espiritual saber antever o doce ainda em pleno amargo, o crescimento em meio ao sofrimento, ou o "chão" em meio ao desterro.

Desenvolver essa "inteligência" requer os vários sensos que estamos abordando. Em particular, o senso de discernimento desenvolvido a partir da relação que estabelecemos com a escuridão. É parte desse processo entender que o escuro possui importantes jazidas de vida, que a própria claridade não dispõe. Repito, a "claridade" plena não consegue reproduzir a riqueza existencial da claridade implícita, nos momentos em que as noites quebram. Essa "luz oculta" é matéria-prima não só da esperança, mas de inteligência espiritual.

Conta-se que um homem se perdeu em uma floresta. Buscou de todas as formas sair da floresta, mas não foi bem-sucedido. Ao anoitecer, quando estava prestes a se desesperar, viu ao longe uma luz. Logo pôde distinguir que se tratava de um homem com uma lanterna. Ficou exultante, certo de que estava salvo. Aproximou-se, dizendo: "Estava perdido, mas pela graça dos céus encontrei-o!" O homem da lanterna respondeu com ar pesaroso: "Eu sinto muito... eu também estou perdido! Mas não se desespere. Você sabe por onde já buscou a saída e eu sei por onde tentei. Juntos temos mais chances de encontrarmos o caminho!" Enquanto buscava se consolar, viu que o homem da lanterna tinha os olhos fechados. Exclamou: "Você é cego?!" "Sim", respondeu com obviedade. "Mas, então, por que você precisa de uma lanterna?" "Ah... a lanterna não é para mim.... não é para que eu veja, mas para que os outros me vejam!"

Nossos recursos para lidar com a vida não são somente a "claridade", ou os momentos prazerosos e de construção. Há uma outra parcela de recursos que vêm da escuridão – da cegueira. Mas não de uma cegueira conformada, e, sim, de uma cegueira com lanterna. Estamos falando de toda a luz que não serve para ver, "luz oculta", que não tem a utilidade de fazer da noite um dia, mas que quebra a escuridão, na esperança de encontrar os recursos necessários para sair da floresta. Por si só, nosso sofrimento não é capaz de ver, mas faz com que acendamos as lanternas do "encontro". Descobrimos o outro, as relações com os outros, como recursos fundamentais para suportar a floresta que se abre em infinitos caminhos.

É essa infinidade que nos dá a sensação de estarmos perdidos. Na realidade, a saída está nas lanternas que servem para ver e também nas que servem para nos tornar visíveis. O que elas iluminam e os encontros que proporcionam são suficientes para desfazer a impressão de que estamos perdidos. A saída não é uma saída, mas um estar-se de forma diferente.

Toda a inteligência espiritual é a capacidade de recontextualizar nosso desespero e aprender a fazer do escuro um lugar menos inóspito. Para isso, temos que abrir mão da expectativa de enxergar e usufruir a alegria da escuridão rompida, da noite em decadência.

Senso de saída
Em busca do mesmo que é diferente

A INTELIGÊNCIA DE FAZER USO da escuridão depende da capacidade de discernir nela seu potencial redentor. O galo representaria não apenas o momento em que a noite começa a ser derrotada. Sua inteligência simboliza compreender que é próprio da natureza da noite desembocar no dia, que são um mesmo fenômeno. Seu grito ao mundo de que a manhã se aproxima é a revelação de que a escuridão não é em si a rival da vida. Nela está contida uma compreensão do dia, que a própria claridade da manhã não consegue produzir.

A saída da floresta não está em buscar refúgio em um lugar que está fora, desconectado desse lugar que nos assusta. A diferença entre o conceito de fugir e o conceito de integrar é o que simboliza o cego da história anterior. Sua mensagem de tranquilidade provém de seu convívio com a escuridão. Ele sabe que basta integrar o que vê com aquilo que não vê e ter-se-á encontrado a saída misteriosa que permite estar-se de forma diferente em um mesmo lugar. Por isso, há gente desesperada, perdida, no mesmo lugar em que há gente serena imersa em contentamento. Como se pode estar tão diferente em um mesmo lugar?

Uma consagrada história sufi conta sobre um homem que estava agachado no chão, procurando algo. Um amigo se aproximou e, vendo aquela situação, perguntou:

"Por acaso você perdeu algo?"

"Sim.... perdi uma chave e não consigo encontrá-la."
O amigo de imediato se pôs a ajudar na procura. Após vasculhar e tatear uma região considerável à sua volta, o amigo perguntou frustrado:
"Tem certeza de que você perdeu a chave aqui neste local?"
"Aqui? Não... não foi aqui que eu perdi, não... Eu a perdi... lá!" disse ele apontando para um lugar mais distante.
Indignado, o amigo reclamou:
"Mas você está maluco? Se você perdeu lá... por que está procurando aqui?"
"Ah... é porque aqui está claro e dá para procurar. Lá está muito escuro!"

Esse é um relato bem rotineiro de nossas vidas.

Não são poucas as vezes que nos vemos procurando "chaves" em lugares que são claros. Mas essas chaves não estão lá. Por mais que venhamos a procurar, elas não serão encontradas. Elas jazem impossíveis nos lugares escuros, que jamais nos atreveremos a rastrear.

Ficamos inconformados com a crueldade da vida ao experimentarmos buscas sinceras e perseverantes que não levam a nada. Cobramos dos céus as chaves que não se fazem disponíveis nos momentos certos e duvidamos da ordem. Muitos, na verdade, confundem a fé, a esperança e o otimismo com a capacidade de procurar com mais afinco. Pensam: se não encontramos é porque não nos esforçamos suficientemente. Mas isso é apenas um recurso para evitar os lugares escuros cheios de chaves.

A inteligência espiritual é aquela que nos arranca do lugar onde há luz e, com toda a dificuldade inerente a esse ato, nos conduz à escuridão. O galo tem essa função de nos ensinar, de indicar em nossas experiências de vida, de madrugada, que existe uma escuridão que é redentora. O Rei David, com sua sagrada insônia que não lhe permitia perder esses momentos mágicos de enxergar na escuridão a mais pura das claridades, é outro modelo estabelecido nos Salmos. Estes tentam transmitir algo que não podem expor sob a forma de manual ou de instruções. Buscam, sim, permitir-nos a incontestável experiência de encontrar "chaves" onde não gostaríamos de procurar. São essas experiências que revertem em inteligência espiritual.

Sempre que presenciamos alguém tentando explicar situações difíceis da vida pelo caminho da claridade, devemos desconfiar de que procura "chaves" onde elas não estão. Por isso, as religiões, ou mesmo a espiritualidade, podem se tornar presas tão fáceis das buscas infrutíferas por onde há luz. O excesso de "teologias", de explicações que servem como holofotes 24 horas para garantir "luz" às nossas buscas, é uma das mais perversas armadilhas. São formas de viver a religião e a espiritualidade que emburrecem espiritualmente. Representam formas sofisticadas de alienação, chegando a ponto de se institucionalizar com o único fim de "exorcizar" a escuridão. Diabo para um lado e Deus para o outro, e se instauram as buscas apenas por onde há luz. Mas essa proposta de uma vida que é livre de medos, uma vida em que nunca se terá de ir ao escuro buscar chaves, é em si o terror ou o verdadeiro demônio.

Com o passar do tempo, as trevas ganham força. Os lugares "claros" vão se reduzindo a ilhas cada vez mais ameaçadas pela escuridão. Pânico e fobia espiritual se instalam e há cada vez menos saída. Afogados por chaves que jamais descobrirão, estão presos até que façam o movimento correto de trazer a escuridão de volta às suas vidas. Como diz a máxima: *Religião é para quem tem medo do Inferno, espiritualidade verdadeira é para quem já esteve lá.*

Cada experiência que se assemelha ao canto do galo, de discernir redenção e mudança em meio à escuridão, nos ensina a investir mais na busca de outras experiências desse mesmo tipo. A cada experiência em que a saída se dá no mesmo lugar, que é o lugar do aprisionamento, mais refinados nos tornamos espiritualmente.

Quando achamos que a saída é mudar de casamento, de emprego, de cidade, de amigos, de interesses etc., estamos buscando outro lugar que seja "claro" para fingirmos para nós mesmos que ele contém chaves. Cada vez que esgotamos a capacidade de nos iludir que um lugar claro possa conter as chaves de que precisamos, sentimos a necessidade de encontrar temporariamente outro refúgio à nossa ilusão. As chaves dos lugares claros já foram recolhidas há muito tempo. As que realmente buscamos, as que nos parecem tão difíceis, com certeza, não estão lá.

Enxergar um casamento, um emprego, um amigo ou uma cidade pela escuridão é enxergar aquilo que, mesmo que experimentado em mil casamentos ou empregos pela claridade, não nos fará sair do lugar em que estamos presos. E enxergar pela escuridão significa olhá-los pelo lugar que nos dá medo. É dessa escuridão que liberta, mais do que da própria claridade, que se constitui a espiritualidade.

Aprender a buscar os lugares escuros ou até mesmo treinar-se a querer essa escuridão, é a tarefa árdua e nobre de crescer espiritualmente. É isso que os ressuscitados que dispunham de meia hora compreenderam. Vindos das trevas, sem temê-las, a chance da vida os faz buscar a integração do que "enxerga" e do que "não enxerga". Não querem a "claridade" do apego, mesmo quando este é o carinho de entes queridos. Não querem a "claridade" de esconder de si que são sozinhos, independentes e separados da realidade do outro.

Nesses lugares, que são quaisquer lugares, os mesmos lugares, há saída. Basta vê-los de forma diferente; enxergá-los a partir do ângulo que nos é obscuro, evitando o vício fatal de acender as luzes. Nas luzes, se dissolvem os monstros, mas com eles também a possibilidade de saídas que farão falta em outros momentos. Em vez de acender as luzes, a proposta é aproximar-se da escuridão e perceber quando, em meio a ela, a noite se desfaz. Como David que recepcionava seus monstros com hinos não à luz, mas à luz oculta na noite. Em busca de um mesmo que é diferente.

Senso de conciliação
Convertendo medo em ação

O QUE É O ESCURO?

Quando chegamos a este mundo e descobrimos que existem formas de saciar todas as necessidades, conhecemos o conceito de ordem. O ar, o peito e o afeto descortinam um mundo que nos leva espiritualmente a desaguar no "papai Noel". Essa é a melhor definição infantil de Deus como a entidade responsável por saciar-nos. Esse é o Deus dos presentes, da mágica de prazeres que parecem infinitos e irrestritos. Mas papai Noel não existe, pelo menos não dessa forma infantil.

Para muitos, essa dramática descoberta dá por encerrado qualquer investimento em inteligência espiritual. No entanto, esta deveria ser apenas a etapa inicial do desenvolvimento espiritual. A descoberta de que as necessidades que podem ser saciadas eventualmente não são, deveria iniciar uma busca desesperada por significado. Será que o fato de não termos saciados nossos desejos e expectativas é algo pessoal? Será que não merecemos? Será que não somos tão amados como imaginávamos? O que será preciso fazer para agradar o cosmos e voltar a usufruir de sua proteção?

O escuro, em parte, é formado por experiências de não termos sido saciados, o que nos põe em contato com a noção de morte e de injustiça. Porém, não é o simples ato de não sermos saciados que se constitui em escuridão. O ser humano está equipado com os recursos do enfrentamento e da fuga. Ambos salvam! Diante de qualquer situação ou problema, quando não adotamos uma atitude de enfrentamento, adotamos, necessariamente, uma atitude de fuga, ou vice-versa. O enfrentamento bem-sucedido salva, produzindo a experiência de um Deus que está do nosso lado, que olha por nós. A fuga bem-sucedida, desde que seja uma estratégia preestabelecida, representa um enfrentamento e também produz o mesmo sentimento. No entanto, o enfrentamento fracassado – ou seja, transformado em fuga – ou a fuga que não é parte de uma estratégia de enfrentamento produz um ser humilhado e assustado. Seu Deus (sua ordem) é um deus que abandona, que permite o amargor da derrota e a insegurança quanto à sobrevivência.

O escuro é produzido por um paradoxo expresso por Jó sob a fórmula de uma equação no texto bíblico: "Em enfrentamentos bem-sucedidos e em fugas corajosas, Deus gosta de mim. Em fracassos ou em fugas covardes, ou Deus não gosta de mim ou há algo errado com minha concepção de Deus."

A inteligência espiritual se constitui em um ato de conciliação entre duas situações contraditórias – reconhecer que o enfrentamento e a fuga bem-sucedidos representam a existência de "proteção" por parte da ordem e que, ao mesmo tempo, o fracasso no enfrentamento ou a fuga covarde não determinam a perda ou a ausência de "proteção". Tanto para os indivíduos racionais quanto para os crentes, esse paradoxo é insuportável. Os racionais dirão que não é um paradoxo, mas um contrassenso. Os crentes irão tentar escamotear o fracasso, revertendo-o em alguma forma de "sucesso" oculto a ser revelado em outro momento ou em outro mundo. O problema com ambos é que operam em lugares onde há luz. E os paradoxos são importantes por representarem justamente os lugares escuros.

O escuro, portanto, não é o mau. É simplesmente um lugar que não conseguimos enxergar plenamente, como os paradoxos.

Estamos envoltos por esses paradoxos. Uma pessoa que queira viver bem tem de ter muita gana, muito apego para lutar pelo que deseja, mas deve também, ao mesmo tempo e paradoxalmente, viver pronta para a possibilidade de morrer no próximo momento e abrir mão de tudo. A falta de uma das pontas desse "paradoxo" elimina a tensão que é, em si, o bem-estar. Parece um lugar extremamente escuro, mas é com refinamento ou com inteligência espiritual que este lugar não se faz sinistro. Ao contrário, ele desvela uma luz não perceptível, um raiar que o galo conhece e que é mais esperançoso do que a própria luz.

O lugar da luz é aquele que não contém sentimentos ou experiências contraditórias. O escuro, por sua vez, não é o lugar do mal, mas um lugar que mistura sentimentos e percepções. A angústia é um exemplo dessa mistura. Ela contém sempre amor e ódio. Conciliar esses sentimentos produz um lugar escuro do qual buscaremos distância, apesar de chaves importantes estarem lá. A dúvida é outro exemplo. Ela contempla dois quereres, ou dois certos, ou dois errados, ou dois benefícios ou dois custos.

Tanto as angústias como as dúvidas não se desfazem com o "acender de luzes". É somente nesse lugar de misturas de sentimentos ou percepções que a luz oculta do escuro se encontra. Saber permanecer nestes lugares escuros, em vez de fugir deles, buscando absorver seus ensinamentos, é investir em inteligência espiritual. Muito diferente do que muitas propostas religiosas apregoam, a inteligência espiritual pouco tem a ver com certezas, mas com conciliações de polos aparentemente contraditórios. É espiritual tudo aquilo que nasce de coisas que são uma "contra" a outra, como os *en-contros*, mas que produzem uma conciliação paradoxal.

Conta-se que o teólogo Abraham Joshua Heschel certa vez respondeu à indignação de um aluno que considerou uma afirmação sua como paradoxal, dizendo: "Sim, é apenas um paradoxo!" Um paradoxo não é um beco sem saída ou um erro, mas apenas um paradoxo. A espiritualidade é a área da "inteligência" humana capaz de lidar com paradoxos e contradições. Não seria uma forma de inteligência, se não houvesse uma maneira de transitar por essas escuridões profundas com alguma referência. Essas referências são os sensos e as reverências que desenvolvemos pela vida afora. São esses sensos que conciliam e mantêm, sob a forma de escuridão, um meio através do qual enxergamos e distinguimos, apesar da falta de luz, de certeza e de definição.

Uma pessoa espiritualizada é aquela que sabe caminhar pelas trevas, como indica o Salmo 23:4: "Sim, vou também ao vale de sombra-morte, mas não estremeço diante do mal." Não significa, no entanto, que esta é uma pessoa mórbida ou deprimida. Mas uma pessoa que concilia sentimentos e compreensões contraditórios e não estremece. Ao contrário daqueles que vivem na luz, ilhados na luz, estes, sim, seres do estremecimento e do pavor.

Essa é uma regra básica: *quanto mais se acende a luz, maior o terror do escuro.* O controle nada mais é do que uma forma de armazenar terror. O medo, matéria da qual são feitas as trevas, é também o meio que permite enxergar a luz oculta. Sempre que se conciliem sentimentos e percepções contraditórios, o medo se transformará automaticamente em ação. Ao contrário do que comumente experimentamos, o medo verdadeiro não paralisa, mas mobiliza. Ele sinaliza a urgência de enfrentar e não de fugir.

Segundo o Baal Shem Tov: "Nas coisas mundanas, não pode haver medo quando existe alegria, e também não pode haver alegria quando existe medo; no que diz respeito ao sagrado, no entanto, onde há temor sempre se encontrará júbilo e vice-versa." Esse "temor" está, portanto, repleto de intensidade e de reverência à vida. Não é um temor de fuga, mas que corteja o enfrentamento e a ação.

Um modelo de inteligência
Do exorcismo ao endorcismo

É INTERESSANTE NOTAR QUE o modelo bíblico de inteligência espiritual é atribuído a um personagem inesperado e com uma biografia bastante conflitada. No modelo judaico, seria de esperar que os candidatos à primazia de serem modelos fossem Abraão, o fundador, ou Moisés, o profeta. No entanto, é a figura de Jacob que ocupa esse lugar. Abraão é o idealista, autor-realizado, enquanto Moisés é o visionário e o ativista tomado pelo senso de luta, ambos absorvidos demais por seu papel e por seu momento histórico. A exterioridade de suas lutas os torna arquétipos e símbolos. Mas é somente quando essa luta atinge as fronteiras do espaço interno que a inteligência espiritual aparece registrada no texto bíblico. Foi necessário um personagem comum (e sagrado) para personificar esse modelo humano.

Jacob é um modelo de conflito. Sua imaturidade inclui o registro de incerteza quanto ao amor paterno (leia-se Paterno) e a insegurança em relação a si mesmo, projetada sobre o irmão, que ocupa um lugar sonhado de legitimidade. Seu inimigo é claro, seu senso de injustiça é profundo e a expectativa de um desastre é iminente. Ele é, portanto, mais para uns do que para outros, retrato de todos nós.

É do texto que depreendemos que ele personifica um modelo. Não se trata de uma conjectura deste autor, ou o ato, infelizmente tão comum, de privilegiar fragmentos de texto visando a confirmar teses pessoais. Jacob recebe o nome de Israel (aquele que vive um enfrentamento com Deus) – título conferido como iniciação espiritual. Trata-se do texto de Gênesis 27:23-32, em meio ao relato do reencontro de Jacob com seu irmão Esaú. Após um exílio de vinte e um anos, Jacob se prepara para enfrentar uma pendência fraterna antiga. Ao trapacear o roubo da primogenitura de seu pai cego, Jacob foi obrigado a fugir para resguardar-se da ira do irmão. Às vésperas do reencontro, os seguintes eventos se precipitam:

"E levantou-se naquela noite... e cruzou a passagem do rio Jaboc. E ficou Jacob só, e lutou um homem com ele, até levantar-se a aurora. E viu que não podia com ele, e tocou-lhe na juntura de sua coxa, e desconjuntou-se a juntura da coxa de Jacob em sua luta com ele. E disse: 'Envia-me, que vem rompendo a aurora.' E disse: 'Não te deixarei ir, salvo se me abençoares.' E disse-lhe: 'Qual é teu nome?' E disse: 'Jacob.' E disse: 'Não. Jacob não será mais teu nome, senão Israel, pois lutaste com Deus e com homens e venceste.' E perguntou Jacob, e disse: 'Dize-me, rogo, teu nome.' E ele respondeu: 'Por que é que perguntas meu nome?' E ali o abençoou.

"E chamou Jacob o nome do lugar: Peniel (rosto de Deus), 'porque vi Deus face a face, e foi salva a minha alma'. E nasceu o sol quando passou Peniel, e manquejava de sua coxa."

Esse texto contém não apenas a etimologia da palavra, mas também o contexto de onde surge esta palavra-código que é Israel. Palavra que transcende a denominação de um povo e se torna um signo de pertencimento a uma ordem de iniciados espiritualmente. Seja o povo de Israel, ou a designação cristã de Novo Israel, pertencer a essa categoria representa enquadrar-se na definição: "Aqueles que vivem um enfrentamento com Deus e com homens."

O cenário é em si o lugar da espiritualidade: o escuro. A noite instaura possibilidades que a luz ameaça. Jacob cruza um rio cujo nome tem as mesmas letras de seu nome (Jaboc) reorganizadas ou desorganizadas. Simbólico da personalidade que se torna fluida, de tempos de transformação e mudança. Jacob se atraca com um homem que se revela Deus. Não apenas este misterioso "outro" tem sua identidade turvada, como parece que o texto deseja propositalmente confundir agressor e agredido. Jacob e seu contendor trocam de lugar: primeiro Jacob tem sua coxa desconjuntada, mas, ao final, quem manquejava era "Peniel". Sem dúvida trata-se de um artifício literário para fazer de Jacob e seu antagonista uma mesma pessoa, tornando a densidade do relato nitidamente onírica e com nuances de pesadelo.

O nome arrancado como bênção modifica a essência de Jacob (literalmente, "aquele que se agarra ao tornozelo do irmão") e alude ao fato de terem nascidos gêmeos e Jacob vir ao mundo segurando o tornozelo de seu irmão Esaú. Significa a essência de alguém que nasce "sendo" por conta da relação com o outro. Israel tem um centro que é interno, em vez do centro externo de Jacob. Sua visão de mundo será marcada por sensos e reverências, em vez de comparações, análises e conclusões referentes ao mundo exterior.

Jacob compreende o mundo tendo que colocar as coisas para fora. Ele exorciza, expulsa para fora, para poder compreender e dominar. Israel, ao contrário, traz para dentro. Enfrentar Deus e homens e prevalecer significa integrar ou tornar inteiro internamente. Israel não mais verá seu irmão como inimigo ou limitador. Não será um "outro" que terá responsabilidade por causas ou consequências. Um Israel que tem sentimentos em relação ao outro, sentimentos muitas vezes de ódio, mas que só briga consigo mesmo.

Um comentário bíblico *(Shem Shmuel)* faz uma observação reveladora por meio de um artifício curioso. As letras hebraicas podem ser conversíveis a números. Algo semelhante à letra "A" ter valor de "1", o "B", de "2", e assim por diante. Este método utilizado por comentaristas recebeu o nome de *Guematria* ou, mais popularmente, "Numerologia". Sua função é, como veremos, realizar diante dos olhos e da mente algo semelhante ao que fazem as parábolas. As pequenas histórias nos levam a vivenciar determinada conclusão ou afirmação. Seu poder é muito maior do que o de simplesmente apresentar uma afirmação por meios lógicos. Quem ouve uma história a vivencia. Quem lida com estes números também penetra em um mundo mágico de códigos intencionais ou involuntários que realçam e revelam certos aspectos.

O comentário em questão analisa o valor numérico das palavras Jacob e Israel, que representam uma mudança não só de nome, mas da essência de Jacob. O que aconteceu numericamente entre Jacob e Israel? Jacob tinha na soma de suas letras o valor numérico de 182. Israel, por sua vez, tem valor de 541. A diferença entre Israel e Jacob representa um acréscimo de 359, justamente o valor numérico da palavra Satan (impedimento, bloqueio ou, em sentido mítico, demônio).

Nessa proposta de inteligência espiritual, a ideia principal não seria expurgar sentimentos ou impulsos mas, ao contrário, integrá-los. Quando Jacob briga com seus demônios e os traz para uma luta interna, sem ter que demonizar seu irmão, qualquer um ou qualquer situação; quando assume responsabilidade integral sobre a realidade à sua volta, não culpando ninguém; quando dá atenção a seus sensos e reverências acima de seus medos e inseguranças; então, seu nome é Israel.

A capacidade de conviver com contradições e paradoxos é interna. O mundo externo é sempre visto por nós como um mundo de eficiência em aferições, decisões e comparações. Um mundo que tem que ser de "luz", não suportando o mistério do escuro. Mas conhecemos, na experiência interna, a contradição o tempo todo. Amor que contém ódios, o imperfeito que contém perfeição e o fim que não é final são algumas possibilidades do mundo interno inexistentes à nossa percepção no mundo externo.

A espiritualidade não se nutre de exorcismos como muitas tradições religiosas propõem. Talvez este seja o aspecto não inteligente que todas ou a grande maioria das tradições religiosas acabam desenvolvendo. A dificuldade de conviver com sombras, a necessidade de teologias que expurguem a escuridão intolerável e outros sintomas de controle e "luz" determinam a distância dessas doutrinas de aspectos inteligentes da espiritualidade.

Os rituais de exorcismo deveriam ser exercícios opostos, não de vômito, mas de digestão de nossos aspectos mais rejeitados. Fica fácil, no entanto, apontar que um indivíduo incorporando seu *Satan* se transforme no próprio demônio. O ser espiritualizado é, por definição, alguém que trafega pelo "vale de sombra-morte, mas não estremece diante do mal". É, portanto, um ser à vontade na escuridão e que desconfia da "claridade" como um truque para igualar o paradoxal ao erro e à incoerência. Assim sendo, exorciza tanto as tradições do controle e da manipulação – as espiritualidades não inteligentes – como também exorciza os que se pautam exclusivamente pela razão.

Senso de bondade
Caminho à intolerância

CONTA-SE QUE DOIS AMIGOS em um restaurante encomendaram ao garçom um mesmo prato.

Quando o garçom trouxe os dois pratos, havia duas postas distintas, uma delas bastante maior que a outra. Os amigos começaram a fazer cerimônia, dizendo um ao outro que escolhesse primeiro.

Finalmente, um deles tomou a iniciativa e escolheu a posta maior.

O outro ficou horrorizado e não se conteve:

"Não acredito no que você fez!"

O primeiro, surpreso, disse: "Mas o que foi que eu fiz?" "O que você fez? Você viu que existiam duas postas diferentes, uma maior e outra menor.... e você foi logo pegando a maior!"

"Mas o que você teria feito em meu lugar?", indagou o primeiro.

"É óbvio que eu teria pego a menor."

O primeiro então concluiu: "E então... qual é o seu problema?"

A revelação da hipocrisia acontece pelo constrangimento do amigo que fica com a posta menor. Ele teria se contentado com este sacrifício, caso pudesse se sentir compensado como sendo "bondoso". Uma vez que lhe roubaram a possibilidade de ser "bom", pois escolheram primeiro, e não ocuparam esse lugar de ser "bom" para com ele, a posta menor tornou-se insuportável.

Parte da digestão e integração de nosso *Satan* (endorcismo) é realizada abandonando-se o desejo de ser "bom". A tensão existente em saber se algo é bom para mim ou para o outro não é para ser resolvida no mundo externo. Esse mundo externo é um mundo de "luz e de controle, em que os "valores" externos e a moral imperam, ou melhor, tiranizam. Em outras palavras, ser bom é fugir de lugares escuros, querendo encontrar chaves no lugar onde não foram perdidas pelo simples fato de ser mais seguro, iluminado.

O bonzinho é um dominador, que sabe imobilizar e encurralar o outro no lugar de ser bonzinho. A posta menor é o custo para manter o outro em um compromisso de bondade que é, em si, um ato de controle e dominação.

Um dos pilares da ética e do Humanismo no Ocidente é a frase bíblica "ama teu próximo como a ti mesmo". Central para o monoteísmo ético judaico e fundadora para o cristianismo – destacada por Jesus e Rabi Akiva e traduzida popularmente por Hillel como "não faça aos outros o que não queres que façam a ti" – essa frase é a origem do direito e das conquistas de cidadania que se consagraram no Ocidente.

Há um aspecto dessa frase, entretanto, que me parece particularmente importante. Trata-se da possibilidade de se ler no hebraico original, em lugar de "próximo" *(lê-reecha)*, uma outra palavra de grafia idêntica e cujo significado é "ruim" *(lê-raecha)*. A leitura da frase seria então: "Ama o teu ruim como a ti mesmo."

Aprender a amar o que há de "ruim" em nós como parte de nós mesmos não é uma apologia à complacência, à resignação ou à imperfeição. É um ato de "endorcismo", de integração, sem o qual não há tolerância. Perceber que a palavra "outro" (próximo) tem a mesma raiz que a palavra "ruim" é entender um pouco de nossa psique. O que é diferente é automaticamente visto como "ruim". Verdadeiramente amar o "outro" é tão difícil e violento como se propuséssemos amar o "ruim" ou o imperfeito. O exorcismo, o ato de querer excluir e erradicar o "ruim", significa verdadeiramente querer erradicar o "outro". Como poderemos tolerar os outros e amá-los, se não toleramos em nós o que é "outro", o que é fora de padrão e de expectativas? Não há identidade sem o outro, não há bom sem o ruim e não há bem sem o mal. Novamente retornamos ao mundo espiritual da "escuridão", mundo de tensão e paradoxos. Qualquer tentativa que vise extirpar o "outro-ruim" corre o risco de inventar um "bom" monstruoso que seja desagradável, horrendo e destrutivo. Isso porque amar é o sentimento capaz de apreciar o diferente. Só poderemos integrar nosso "ruim" a nós, se pudermos processá-lo pelo sentimento de amor.

Ser "bom" só é possível para quem realiza o trabalho espiritual de absorver seu *Satan* – seu próprio ruim ou seu próprio outro. E ser bom nunca é para o outro, mas para si e para todos. Essa é a condição única para que a bondade não seja instrumento de dominação.

Conta-se uma parábola na qual um cantor, o melhor do reino, foi trazido para cantar e entreter o rei. Ao final, perguntaram ao rei se havia gostado e este disse que não, logo explicando: "Não gostei porque ele estava cantando para mim. Tivesse ele cantado para Deus, teria servido também para mim."

A bondade não pode ser para o outro, deve ser para tudo e todos e aí serve também para o outro. A verdadeira inteligência espiritual teme as artimanhas da bondade com o mesmo terror e preocupação com os quais a ignorância espiritual teme o mal.

Exorcizar nossa "bondade" é parte do processo de dar espaço para a integração de nosso "ruim".

Senso de autovalor
Somos melhores e piores do que nos imaginamos

Conta-se que um professor de grande prestígio e fama foi convidado a proferir uma palestra a uma afluente comunidade de outra cidade. Os dirigentes da comunidade consultaram-no para saber de seus honorários. O professor respondeu que não seria necessário nenhum pagamento e que ele a faria como parte das atribuições de seu trabalho e de sua missão.

A palestra foi marcada e uma multidão se fez presente. O presidente da comunidade foi ao hotel para buscar o professor e, estupefato, ouviu ao interfone que o professor não desceria e não cumpriria seu compromisso, se não lhe fossem dados de antemão vinte mil dólares. O presidente arguiu que ele não havia feito essa demanda e que possivelmente se o fizesse não teriam aceitado. O professor não quis saber e disse que sem o dinheiro não haveria palestra e que decidissem.

Transtornado e revoltado, o presidente consultou outras pessoas importantes da comunidade. Sob pressão e contrariados, acabaram rateando o valor e arrecadando o dinheiro exigido. Sentido-se extorquidos, deram o dinheiro ao professor, que, então, cumpriu com o compromisso.

A dita palestra foi nada menos do que fantástica. O público ficou impressionado com o conteúdo e com o carisma do

professor. Ao final, o professor procurou os dirigentes comunitários e lhes devolveu o dinheiro. Surpresos, exigiram uma explicação do professor, que assim se justificou:
"É claro que eu não iria cobrar pela palestra, mas se não tivesse vinte mil em meu bolso não teria tido a gana e o empenho que tive."

Essa história contém um interessante elemento de integração. O valor externo, medido por um cachê respeitável, é usado como um instrumento pelo rabino, mas sem perder como referência valores internos. A qualidade da palestra dependeu em parte do dinheiro em seu bolso, e o fato de reconhecer isso demonstra capacidade de tolerar seus próprios impulsos, sem ter que se tornar escravo dos mesmos.

Muitas vezes a espiritualidade é mostrada como uma forma de freio aos nossos impulsos. Isso é um grande erro. A inteligência espiritual, como vimos anteriormente, só existe quando há presença, uma prerrogativa de qualquer inteligência. Não podemos estar presentes sem nossos impulsos. É verdade que são esses impulsos que semeiam os sete erros espirituais que o cristianismo pautou como "pecados capitais". No entanto, esses impulsos são a essência da vida e não podem ser expulsos, mas experimentados.

Um antigo conto hassídico conta que os rabinos aprisionaram o "mau impulso". Ficaram eufóricos por poder tirar a "sombra" e a "fonte do mal" de circulação. Tudo isso para descobrir que os trabalhadores paravam de trabalhar quando se viam destituídos de ambição; que homens e mulheres deixaram de se procurar uns aos outros pois haviam perdido o desejo sexual; e que mesmo as galinhas pararam de colocar ovos.

As noções de santidade são muitas vezes expressões repressoras de nossa humanidade. Propõem um ser humano bom que seja produto da retirada de seus impulsos. Mas esse ser não é humano e muito menos inteligente. Nosso compromisso, como bem definiu o hassidismo, não é o de sermos MAIS do que somos, mas, sim, de sermos TUDO o que somos. Não precisamos ser santos na busca da paz e da alegria; mas precisamos ser tudo o que potencialmente podemos ser. A santidade, ser mais, diz respeito ao território da moral e da bondade; ser tudo, por sua vez, nos coloca no território da transgressão e da integração.

... Certa vez um homem procurou o Rabino Itschak Iaakov de Lublin, o vidente de Lublin, suplicando que o ajudasse a se ver livre de pensamentos estranhos que, como intrusos, atrapalhavam sua meditação e oração. Não importa o quanto tentasse ter apenas pensamentos puros e sagrados, era invadido por pensamentos de inveja, ganância, fome e sexo que o distraíam.

"Sábio, de onde esses pensamentos surgem? Quem os está colocando em minha mente? Que força perversa está tentando atrapalhar minhas orações e enganar meu coração?"

O sábio tomou o homem pelos ombros e ordenou que se tranquilizasse.

"Não acredito que estes sejam 'pensamentos estranhos'. Talvez existam algumas poucas almas sagradas para quem pensamentos como os seus sejam estranhos. Mas seus pensamentos nada mais são do que seus pensamentos; nada diferente dos meus e em nada especiais. A quem você deseja atribuir esses pensamentos?"

O Rabino Rami Shapiro faz uma magistral interpretação dessa história:

Imaginamos que exista algo sagrado que seja diferente das coisas ordinárias, mundanas. Fantasiamos que exista uma outra maneira de pensar diferente da que praticamos a todo o momento e que nos eleva para além de nossa vida ordinária. Mas isso não existe; apenas pensamentos mundanos que vão e vêm, surgem e desaparecem a cada momento. O sagrado não tem a ver com a eliminação de pensamentos e, sim, com a clarificação de visões. Certamente, não tem a ver com a busca de um culpado externo que possamos acusar por nossos pensamentos. Infelizmente, muitas formas religiosas em nosso tempo buscam "demônios" e forças externas para culpá-los por nossos "pensamentos estranhos". Isso não é ir ao encontro do sagrado, muito pelo contrário, é seu oposto. A busca do sagrado se encontra em assumirmos a responsabilidade por quem somos, por nossos atos e nossos pensamentos.

É comum acreditarmos que, se pudermos "exorcizar" certos pensamentos, seremos imediatamente preenchidos pelo sagrado e pela graça divina. Muitas vezes nos comportamos como esse homem da história, que culpa os nossos desejos pelos nossos sofrimentos e fracassos. Mas isso não é real. O desejo é apenas um sentimento como outros que acreditamos "puros", como o amor e a compaixão. O desejo é um sentimento e, como tal, não pode ser controlado. Os sentimentos não podem ser eliminados e muito menos percebidos como "estranhos". É claro que não precisamos fazer dos sentimentos os únicos determinantes de nosso comportamento. Devemos buscar fazer de nossos "valores" os determinantes de nosso comportamento.

O que vemos na história é que o sábio alerta para o fato de que não são os sentimentos que controlamos, mas nossa conduta. Não existe nenhuma forma de pensamento que seja "estranha". Se ele foi pensado, ele é seu. Algo promoveu este pensamento e assumi-lo é sinal de maturidade. Ele revela algo, mas não necessariamente dita o que devemos fazer. Entre o pensamento e a ação, há a decisão, o livre-arbítrio.

A pergunta final do sábio – a quem você quer atribuir esses pensamentos? – revela a imaturidade espiritual do discípulo. Toda a tentativa de culpar alguém é sempre um ato de eximir-se de responsabilidade. No entanto, só há sagrado onde há envolvimento – onde há erro e reconhecimento, desejo e valores que o regulem, risco e exposição e, acima de tudo, o contato com o humano em nós. Essa é a grande inveja dos "anjos" nos mitos antigos: apesar de reconhecer o sagrado e viver em meio a ele, ao contrário dos humanos, não podem ser sagrados. Para sê-lo, é fundamental abraçar esses "pensamentos estranhos" como a matéria-prima de si mesmo.

Colocar-nos em avaliação e percebermos nosso autovalor na dimensão espiritual exige uma tensão. Nossos impulsos e nossa falibilidade são uma bênção na medida em que representam recursos para o crescimento e para a lapidação de nosso ser. Para os rabinos, colocar o autovalor sob a perspectiva do paradoxo, definindo-o sob condições de "escuridão", era um exercício inevitável.

Todo o indivíduo deveria andar com dois bilhetinhos, um em cada bolso, direito e esquerdo. Em ambos estariam ditos extraídos do texto bíblico. Em um deles, o texto seria: "Para mim o mundo foi criado!"; no outro: "Sou pó e ao pó retornarei!" Ou seja, somos mais e somos menos do que nos consideramos. Saber ir ao bolso certo no momento exato é maravilhar-se com a surpresa de que somos melhores do que nos imaginávamos e também a surpresa de que somos piores do que nos imaginávamos.

Esse contato com a realidade, seja de que forma for, reforça nossa presença e nos faz mais inteligentes espiritualmente.

Senso de ilusão
Ego na gerência, jamais na chefia

No CAMPO DA FÍSICA, qualquer mudança de meio produz alterações, sejam de velocidade, de peso, ou até mesmo de tempo. Calcular a refração da luz na água nos permite conhecer sua verdadeira trajetória. Uma compreensão que não leva em conta estas diferentes densidades se traduz em erro e ilusão.

No mundo afetivo, intelectual e espiritual também é assim. Hoje, sabemos decodificar o mundo afetivo e perceber nosso interesse em ver apenas aquilo que queremos e esconder o que não queremos. Nossos "interesses" afetivos mudam a realidade, e um bom terapeuta tem como função ajudar a aproximar seu paciente dessa realidade, levando-o a reconhecer os "meios" que o influenciaram a viver e entender-se de determinada maneira.

A existência de desejos ocultos na área intelectual, por sua vez, tem se tornado cada vez mais objeto de estudo. O comprometimento político de entender o mundo sob determinado prisma influencia e gera refração no pensamento intelectual. O chamado *wishful thinking* (pensamento com desejo) revela uma "emocionalidade intelectual". A novidade não é apenas que há uma "inteligência emocional", mas que esta é uma via de mão dupla. Os cientistas europeus do início do século XX que impuseram sua concepção racial à natureza, mais do que pervertê-la, demonstraram sua incapacidade de isenção. Como instrumentos mal calibrados em laboratório, os observadores possuíam desvios que não eram reconhecidos e tornavam seus resultados e conclusões grosseiros desvios da realidade.

Na espiritualidade, as refrações e os desvios ocorrem na passagem para dentro e para fora do meio da individualidade. Se há uma tensão em nós, um paradoxo, é o fato de sermos diferenciados e, ao mesmo tempo, parte de tudo. Vivemos como indivíduos e morremos como tal. Percebemos nossa história, nossas decisões e nosso destino como individual. Mas sabemos que não é bem assim. Fazemos parte de um plano maior que nos escapa. A frase do biólogo Samuel Buttler nos faz despertar para essa realidade: "A galinha é apenas um meio para um ovo reproduzir outro ovo." A arrogância de nossa individualidade não nos permite perceber que somos peças de interesses maiores, de inteligências maiores, que nos dispõem para a realização de suas estratégias. Seja como for, para estarmos em paz e alegres, temos de dar conta de dois polos em tensão: sermos os indivíduos que somos e, ao mesmo tempo, cumprir com essas estratégias, sejam coletivas, de nossa espécie, da vida ou até mesmo da esfera dos planos do universo.

Para dar conta dessa tarefa, criamos o famoso "ego".

Propostas pseudoespirituais adoram abordar o abandono do ego como a prática central da espiritualidade. O ego é visto como um inimigo a ser derrotado, como se fosse ele a causa da ilusão em nossas vidas. O Rabino Zalman Schechter Shalomi costuma dizer que, se alguém lhe propõe abolir seu ego, rapidamente ponha a mão em seu bolso e segure firme a carteira.

Não há dúvida de que o ego não pode ser a instância máxima de nosso ser. O próprio Reb Zalman alerta para o fato de que o ego é um excelente gerente, mas um péssimo chefe. As decisões finais e mais importantes não devem ser delegadas a ele. E o que ele gerencia? Ele gerencia a alfândega entre o dentro e o fora, entre interior e exterior. Sua função não é pouco importante e nenhum de nós está pronto a abandonar esses pontos alfandegários desassistidos. O mundo exterior se sentiria compelido a invadir e contrabandear de forma destrutiva. No entanto, de tempos em tempos, o ego deve receber outras instruções, modificações nas leis de proteção e garantias alfandegárias. Essas decisões, que muitas vezes irritam e contrariam o ego, não lhe dizem respeito contestar. Cabe ao chefe, ao *self* superior, perceber mudanças fundamentais que de tempos em tempos são imprescindíveis a tudo que vive. E caberá a esse chefe o esforço, muitas vezes difícil e extenuante, de treinar o ego-gerente a proceder de acordo com as novas regras.

O treinamento do ego é complexo, porque suas características não são exatamente as de um funcionário. Sua tendência a inflar-se e arvorar-se à capacidade de tomada de decisões é muito forte. Como um elemento essencial de nossa equipe, a quem somos gratos e em quem confiamos, mas sobre quem devemos manter a maior atenção – o ego é rebelde em sua rigidez.

O ego, no entanto, é facilmente desmascarado, quando assume tarefas que não lhe competem. O teste é sempre a "presença". Para haver presença, devemos estar em outro lugar que não no ego. A presença só existe verdadeiramente na tensão entre sermos indivíduos e sermos tudo o que não é indivíduo. Em nossa representação física, visualizamos o "tudo" como representado pelo órgão do coração e a individualidade pela cabeça. Não é por mero acaso que muitas práticas espirituais, para desinflar o ego, se utilizam da prostração. Prostrar-se não é apenas um gesto de reverência, mas produz fisicamente uma relação importante. Quem se prostra coloca o coração acima da cabeça e faz uma representação hierárquica de si mesmo diferente. O ser em nós que é parte de tudo ganha prioridade, rompendo com o corriqueiro privilégio dispensado à individualidade. Por vezes, coração acima da cabeça se faz prática indispensável para restabelecer equilíbrio na tensão entre o indivíduo e o todo.

A ilusão é causada sempre pela perda dessa tensão entre dentro e fora. Preservá-la é ver a realidade despida. É pautar-se pela essência e não pela roupagem que esta assume. Como nós, a realidade é uma constante tensão entre existência e não existência. Mas, como comenta a Rabina Shefa Gold, uma vez que conhecemos uma pessoa despida, não mais a tomamos pelo aspecto da roupa.

É comum percebermos que este é um dos aspectos mais importantes do treinamento e desenvolvimento de nossa inteligência espiritual: poder enxergar a tensão e percebê-la como a realidade que gradualmente nos liberta do desvio, da refração e da ilusão.

Vejamos a seguinte história budista:
Certa vez um mestre e seu discípulo empreenderam uma viagem. Ao chegar à margem de um rio que teriam de atravessar, mestre e discípulo viram de soslaio uma mulher que tentava empreender a mesma tarefa. A mulher estava em dificuldades e temerosa de realizar a travessia. Como é de costume, aos monges são proibidas interações de qualquer natureza com mulheres. O discípulo imediatamente virou o rosto e atravessou o rio.

Quando chegou do outro lado, não podia acreditar no que seus olhos viam. Seu mestre havia tomado a mulher em seus braços, atravessara o rio e a colocara na margem oposta. O discípulo se calou e prosseguiram viagem.

Passado algum tempo, transtornado que estava por conta do incidente no rio, o discípulo se atreveu a perguntar: "Mestre, sabemos que não podemos sequer olhar para uma mulher, quanto mais carregá-la. Como o senhor explica seu comportamento?"

O mestre fitou-o profundamente e disse: "Mulher? Eu carreguei uma mulher de margem a margem. Mas você... você a continua carregando até agora."

As regras, as normas e as formas são do que se nutre o ego. Feito um ninho de passarinhos construído de galhos ou qualquer outro material de que disponha, o ego se faz daquilo que pode apreender da realidade. Pedaços do que nos dizem e criticam sobre nós, fragmentos de exposições e experiências que tivemos no passado, e toda a sorte de carinhos e rejeições, compõem o amálgama do ego. O que o mestre revela ao discípulo é um ser maior que toma decisões, sem ter de se apegar tanto à forma para sobreviver. O ego se sente ameaçado pela quebra das regras e, como vimos, sua qualidade é gerencial. Qualquer coisa que saia das normas, que se revista de criatividade e risco tem seu veto, ou pelo menos seu alerta de cautela.

É o discípulo, no entanto, que põe o espírito das leis e a essência das coisas em risco. O privilégio que ele dispensa à preservação de si próprio produz uma refração na realidade, comumente conhecida como ilusão. O discípulo acredita estar certo, mas em sua estrutura rígida de certos e errados lhe cabe o lugar do errado. A função do mestre é libertá-lo dessa ilusão e fazer com que enxergue de forma verdadeira.

Todas as vezes que nos defrontarmos com riscos e abismos em nossas vidas, buscaremos refúgio no ego. Ele é um chão conhecido. Como nos terremotos as pessoas são instruídas a se proteger debaixo dos portais da casa, o ego, alfândega entre o mundo interno e externo, funciona como uma proteção semelhante durante cataclismos. É esta sua função e é isto que faz com que sejamos tão protetores e cuidadosos para com nosso ego: dependemos dele para encontrar segurança. Uma segurança obviamente passageira: se você estiver em meio a um terremoto, melhor que um "portal" é sair o quanto antes de casa. Permanecer no interior é fechar-se perigosamente em um lugar que pode não resistir e desabar. O *self* maior é aquele que consegue sair da casa e olhá-la de fora. Seu desabamento não leva consigo a essência.

Outra razão que faz com que o ego produza resíduos de ilusão se deve ao vício constante de encenar e contracenar. Sua falta de "presença" o torna um fantasma que só consegue viver construindo dramas em que possa representar um papel. Desmascará-lo é mostrar sua "não presença", o quanto ele é personagem e o quanto ele *não* é autor ou criador.

Conta-se que em certa região da Europa já não chovia há meses. Os agricultores estavam desesperados. Como é de costume na tradição judaica em períodos de seca, institui-se um dia de jejuns e orações. Desde tempos bíblicos, o jejum está associado à contrição e à concentração, ingredientes tidos como fundamentais para orações e rituais petitivos.

A dita cidade resolveu decretar um dia de orações e jejum para pedir por chuva. Todos acorreram à sinagoga, mas o rabino não apareceu.

Resolveram procurá-lo em sua casa e, para surpresa geral, ele estava tranquilamente almoçando.

Perguntaram:

"Desculpe-nos pela intromissão, ilustríssimo rabino, mas acaso o senhor não sabe que hoje foi decretado um jejum?"

O rabino sem se abalar respondeu:

"Jejum? Por quê?", reagiu ironicamente.

"Porque estamos atravessando uma seca muito intensa. Por isso estamos nos congregando na sinagoga com muita fé à espera de milagres."

O rabino foi, então, até a janela e, observando a multidão – que acorria à sinagoga, disse:

"Fé? Estão todos indo rezar por chuva, mas não há um único indivíduo carregando um guarda-chuva."

Esta é a "não presença": creem mas não creem. Encenam uma crença, mas não estão inteiros naquilo que realizam. A espiritualidade é representada justamente por uma árvore, a Árvore da Vida, porque tem não apenas um conjunto de galhos voltado para cima em busca dos céus, mas um conjunto de galhos das raízes voltado para a terra. Sem chão, sem um bom conhecimento das ilusões à nossa volta, não se terá lastro para estender-se os braços aos céus. A espiritualidade é a arte, antes de tudo, de ter-se raízes.

Senso de servir
A questão não é tanto ser amado, mas amar

SE O EGO NÃO é o chefe, então quem é? Para muitos, a resposta, pelo menos partindo da espiritualidade, deveria apontar para o Criador como o mais qualificado proponente ao cargo. No entanto, a inteligência espiritual não se vale da ideia de um Deus-todo-responsável, mas de um Deus que compartilha responsabilidade. É esse ato de parceria, de estar junto, em sofrimentos e em prazeres que compõe a noção de compaixão (estar com o *passio*, com a dor, do outro). Um Deus-patrão não é compassivo e nem suas criaturas são bondosas para com Ele. Coroar e louvar a Deus pode facilmente deixar de ser um ato de devoção para representar o desejo de poder repassar a "culpa" para alguém que seja o "chefe" do estado das coisas e da própria realidade. Interessa a todos termos a possibilidade de imaginar um nível de poder e de ordem que nos permita dizer: "Chama o gerente. Só falo com o supervisor! Eu quero reclamar!" Essa é a razão de muitos pagarem impostos a seus templos, religiões ou tradições – poder exigir e cobrar. Quanto mais responsável por tudo que nos acontece, mais cobrado e mais "culpável" será o Deus. A chefia não está do lado de fora e também não está acima.

Perceber quem é o "chefe" requer mais uma vez a integração de contradições. Por um lado, está nossa individualidade – somos chefes de nós mesmos – e, por outro, estamos atrelados a projetos maiores que nossa identidade: servimos a algo. Todas as vezes que nos percebemos a serviço, saímos da escravidão do ego e de sua mediocridade gerencial e passamos a nos reportar à chefia.

Podemos compreender melhor o conceito de servir quando nos perguntamos "a quem ou a que eu sirvo?", ou "a quem e a que eu *não* sirvo?" Essas questões muitas vezes assumem roupagem existencial, por vezes, filosófica, ideológica ou teológica. Seja como for, nossa alegria e paz dependem dessas respostas. Elas, definitivamente, não são supérfluas.

O próprio conceito de espiritualidade se mistura com a ideia de "servir". Qualquer noção de transcendência – ou seja, de que não nos encerramos apenas em nossa individualidade ou existência –, é território da espiritualidade. Verbos como "cumprir" ou "servir" são essências para o bem-estar humano. Sem entrar no mérito de cumprir nem o que e nem para quem, vale a pena lembrar que esses verbos se aplicam a toda a espiritualidade, não só àquela fundamentada em religião. Todo o esforço humano em conter um desses verbos expressa uma forma de espiritualidade. Há "cumprir e servir" nos vocabulários das causas, das ideologias, dos sonhos, das missões, dos sistemas de organização, das leis, dos compromissos, além, obviamente, das crenças e tradições religiosas.

Servir representa uma intimidade com a vida, uma forma de refinamento. Quando servimos no sentido espiritual, servimos a todos. Em linguagem das tradições, quem serve a Deus, serve a todos. Quando servimos a falsos deuses, não servimos a todos. Servimos apenas a nós ou a grupos específicos.

As oportunidades para "servir" se apresentam a todo o momento mas, na maioria das vezes, não estamos atentos. Há uma expressão específica utilizada na Bíblia que evoca a questão de "servir". Quando Deus busca por Adão e Eva no paraíso, logo após terem comido do fruto proibido, ele diz: *aiEKHa?* (Onde estás?) Essa pergunta é quase uma bússola para o mundo espiritual. "Onde estás?" é uma pergunta a ser respondida com uma afirmação: *Hineni* (Eis-me aqui). No entanto, não podemos responder dessa forma se não estivermos verdadeiramente presentes, prontos a servir.

É interessante notar que uma outra pergunta com as mesmas letras de *aiEKHa?* (Onde estás?), é a expressão *EiKHa?* (Como pode?), palavra que dá início ao livro de Lamentações. As mesmas letras que denotam presença e encontro são as letras que significam estar perdido e sem rumo. Uma pergunta afirma o sentido da vida, a outra questiona esse sentido. Conhecemos isso não apenas no campo coletivo, quando a persistência em não "servir" produz relações perversas e violentas, mas também a partir da experiência do indivíduo. A depressão e a perda de sentido da vida são o destino de quem não pode responder verdadeiramente a pergunta "Onde estás?". Não respondê-la sucessivamente transforma o chamado e a oportunidade de servir no desespero expresso pela pergunta: "Como pode?"

Talvez possamos retornar à questão de "quem é o chefe?".

A seguinte história se conta sobre a figura lendária de Hanina Ben Dosa. Esse rabino do século II era tido como pessoa justa e simples. Sua capacidade de "servir" ganhou fama, pois suas orações eram sempre ouvidas e atendidas.

Certa vez, quando o filho de Rabi Iohanan Ben Zakai, o mais importante rabino de sua geração, ficou doente, este procurou Rabi Hanina. Hanina colocou a cabeça do jovem em seu colo e implorou por sua saúde. Sua oração surtiu efeito. Disse Rabi Iohanan: "Se eu tivesse orado, não teria conseguido!"

Sua esposa ficou ofendida: "O quê?", exclamou. "Acaso ele é mais merecedor do que tu és?" Rabi Iohanan explicou: "Entre nós dois há uma diferença de funções, não de mérito. Rabi Hanina é, por assim dizer, um servo de Deus, ao passo que eu sou Seu ministro. Um ministro precisa marcar audiências, mas um servo vem e vai a todo o momento."

Há uma relação muito singela com a vida que dá acesso a todos os "camarins" e às salas mais recônditas. Lugares que mesmo os mestres e as autoridades têm dificuldade de acesso. Precisam de passes especiais. Nessas filas estão os sábios, os doutores, os líderes e tantas outras autoridades. Mas aqueles que "servem café" entram e saem com livre acesso. Servir é o *crachá* mais poderoso no rol da existência.

O segredo de quem serve é estar na contramão do ego. Enquanto o ego faz de sua função maior ser amado, servir faz uso do ato de amar. O eixo de quem serve é o prazer de poder "amar". Esse prazer é em si suficiente e, na maioria das vezes, produz o efeito de fazer quem "ama" ser também amado por outros.

A gerência da vida pode estar nas mãos do eixo que busca ser amado, mas sua eficiência depende do respeito a diretrizes e estratégias do aspecto que em nós "ama" e "serve". Por difícil e paradoxal que possa parecer, "servir" não é um ato de submissão ou subordinação. É, ao contrário, a conduta mais magnânima e de independência que podemos alcançar. Enquanto quem busca ser amado está sempre atrelado e dependente do outro, quem ama é um ser livre e independente. O ego não "serve" mas é servil, pois subsiste a partir do mundo exterior; já o chefe que ama e serve, subsiste a partir do mundo interior.

Rabi Iohanan é o ego, Rabi Hanina é o servo. O primeiro é a autoridade e a consagração externa; o segundo é a singeleza e a naturalidade interior. Um é ministro, o outro é servo; um é importante, o outro é eficiente. Um executa e dirige, o outro assume riscos e colhe os resultados mais expressivos.

Uma das evidências mais significativas de inteligência espiritual está na ênfase dada ao poder de "amar", conseguindo fazer decrescer a importância de "ser amado". Quanto mais se serve, em vez de ser servido, maior a inteligência envolvida. O modelo máximo dessa inteligência, o Criador, é descrito da seguinte maneira pelo Rabino de Karlin: "Possa eu amar alguém que seja maravilhoso, da mesma forma que o Criador ama um perverso!"

Amar não é um altruísmo, mas a mais plena forma de bem-estar. Quem ama não é um beato ou um piedoso, como propagou a religião. Amar é a medida de equilíbrio entre o desinteresse e o egoísmo. É a forma pela qual nos manifestamos inteiros e íntegros.

Senso de oferenda
Medo, desconfiança e confusão no altar

ABORDAMOS A NOÇÃO DE que quanto mais "servimos" ou "amamos", ou, na medida em que menos somos "servidos" ou menos dependemos de "ser amados", maior a inteligência espiritual. Quanto maior nossa independência para podermos apreciar a vida sem expectativas de provas de amor dos outros, ou sem colecionarmos dossiês sobre como os outros são injustos ou como é neles que se encontram as origens de nossas mazelas, maior a inteligência.

O percurso para desenvolver essa inteligência depende da capacidade de fazer oferendas. Mesmo parecendo arcaico e ritualístico, esse é um conceito fundamental do mundo espiritual. Ofertar não quer dizer fazer um "trabalho" com subornos ao mundo lá de cima, mas significa saber sacrificar certos aspectos de nosso ser que nos impedem de crescer e nos transformar. Como certos animais que de tempos em tempos mudam de pele, ou como a borboleta que abandona pesos de seu corpo passado para poder voar, o ser humano também faz reciclagens desse tipo.

As "couraças" abandonadas que nos permitem voos espirituais dizem respeito às três outras dimensões que havíamos relacionado: física, emocional e intelectual. Trazer oferendas desses "pesos" e queimá-las no altar da vida é um ato de iniciação a um novo patamar de inteligência espiritual. Vamos dar nomes a esses pesos ou obstáculos: na dimensão física, são representados pelos medos; na dimensão emocional, pelas desconfianças; e na dimensão intelectual, pelas confusões.

Vejamos cada um deles em separado.

O mundo físico nos ensina a ter medo. O medo é um instrumento de sobrevivência e que ajuda a regular as decisões vitais de enfrentamento ou fuga. No entanto, com o passar do tempo e das experiências de vida, o medo se torna residual e acaba representando um bloqueio no mundo espiritual. Dizia o Rabino de Ger: "O medo só deveria ser um sentimento de reverência a Deus. Nada mais deveria ser temido. Quando percebemos o sentimento do medo, deveríamos saber que ele está sendo desviado da única fonte merecedora de temor. Todo o medo representa uma forma de idolatria, pois temer é reverenciar o que é temido; é ofertar ao que é temido."

Não percebemos que nossos temores são oferenda a nossos deuses, e "deus" com letra minúscula representa ignorância espiritual. O significado desse deus é aprisionamento a um condicionamento e a ordens internas que nos dizem o que se deve fazer e o que não se deve fazer. Deus (com letra maiúscula) representa também "deveres" e "proibições", mas que não são produzidos por medo comum. O temor a Deus é uma reverência e uma conexão tão profunda com a vida, que por si só, espontaneamente, pressupõe deveres e interdições. No entanto, este é um processo no qual o ser humano está presente e envolvido; nasce da luta "com esse Deus". Com os deuses em minúscula, seja o deus do vulcão, ou o deus que faz passar nas provas, ou o "meu deus", todos expressam medos comuns que ofertamos como idólatras (leia-se: espiritualmente ignorantes). Queremos apaziguar e queremos favores desses deuses para conter o medo.

E na mesma medida em que os deuses são controláveis, eles nos controlam.

A inteligência espiritual depende de reverências, mas distingui-las dos medos é tarefa árdua. Os medos não permitem reverências e as substituem fazendo com que "sensos" e percepções se transformem em superstição e crendice.

Devemos perceber que a fonte dos medos é o corpo, o mundo físico. Medo de cair, medo de machucar, medo de ver o que não queremos, medo de escutar o que não queremos, medo de bancar e de arcar com custos. Todas as experiências de vida que foram desagradáveis e contiveram sofrimento físico, ou a incerteza que muitas vezes possibilita este sofrimento, se transformam em medo. Esse medo, por sua vez, se transformou em couraça e peso. Queimá-lo no altar, substituindo-o por reverência, é um ato mais do que simbólico. É desatar-se de amarras que não permitem voos e transformação.

Toda oferenda é feita pela entrega de algo que se quer transformar. O fogo desse sacrifício é um olhar corajoso e verdadeiro à realidade e que transforma medo em reverência. E aquilo que era material e sem uso algum ao mundo do espírito se transforma em algo aceitável e de utilidade. A oferenda, mais do que uma doação, é a capacidade de poder oferecer algo útil à dimensão do espírito. Como um presente que não sabemos dar, pois não conseguimos compreender quais seriam as necessidades de quem é presenteado, a oferenda representa perceber essas necessidades. Ela é, como todo o encontro ou toda a inteligência, igualmente aprazível a quem oferta e a quem recebe.

O equivalente ao medo, por sua vez, no nível emocional, é a desconfiança. Construída de todos os resíduos de faltas de apoios, decepções e frustrações, colecionados pela vida afora, a desconfiança é própria à oferenda. Todas as vezes que o seio materno não veio a tempo ou a contento acabou gerando algo pior do que a própria falta. Trata-se da suspeita. A matéria-prima dessa desconfiança é a incapacidade de separar o que sabemos do que não sabemos. O desconhecido é um profundo abismo e, se ficarmos olhando para ele em demasia, iremos desenvolver vertigens que nos desestabilizam, mesmo quando estamos com os dois pés bem plantados ao chão. Como a história do iogue que plantava bananeira junto a um abismo. Quando perguntado como tinha coragem para fazê-lo, este respondeu que simplesmente se imaginava fazendo isso em seu próprio quarto.

Não existe diferença entre "abismo" e "nosso quarto" quando há confiança, e isso é uma realidade. Talvez quiséssemos argumentar que o quarto não oferece perigo, mas isso significa desviar-se da realidade, favorecendo o que é desconhecido e arriscado em detrimento do conhecido. Poder separar o conhecido-seguro do desconhecido-incerto é produzir um chão firme sobre o qual é possível plantar-se bananeira, mesmo ao lado de um abismo. No entanto, só o próprio indivíduo pode perceber que o firme e seguro é tão (ou mais) real quanto o que é incerto.

Essa opção pelo "meio copo cheio" não depende apenas de memórias passadas, mas também da maneira como lidamos com obstáculos. É inteligente, ou seja, contém eficiência, poder optar pelo "quarto", em vez do "abismo". Quem vê "quarto", em vez de "abismo", planta bananeira muitas vezes na vida. Diria o desconfiado: mas basta o abismo se fazer real uma única vez para anular toda a eficiência das bananeiras plantadas. Este é o medo produzido pelos deuses com letra minúscula. Mas a inteligência dos sensos e as reverências nos fazem entender que o "quarto" tem a ver com agir, em lugar de reagir, viver em vez de sobreviver. A opção pela confiança, com seus riscos e custos, amplia a vida, a desconfiança estreita. *A confiança é uma coragem emocional.* Assim como o medo não deveria ser vivido como algo exterior, mas interior, transformando-se em reverência, a desconfiança deveria ser vivida também interiormente como uma fé.

O segredo para conseguir isso está nas oferendas. Quando experimentamos desconfiança, devemos evitar estar perto demais de quem tem confiança ou mesmo de forçar-nos a proximidades com abismos. Lembremo-nos de que não é uma conquista externa e que tentar dessa forma pode e, muito provavelmente, irá intensificar a desconfiança. Cada um a seu tempo deve levar o produto de seu esforço, de suas lentas e graduais capacidades de desfazer-se de suas desconfianças, e ofertá-las.

O mesmo acontece com o medo intelectual. Esse medo se expressa pela confusão ou uma compreensão que contém idolatrias. Uma parábola hassídica pode ser de utilidade para compreender esse conceito. A parábola compara as figuras do filósofo e do profeta, que considera como representantes do mundo intelectual.

"Dois homens foram convidados a comparecer ao palácio do rei. O mais sábio dirigiu-se diretamente para o trono real. O menos sagaz, no entanto, ficou tão impressionado com as riquezas e belezas do palácio, que esqueceu-se da razão pela qual tinha vindo ao palácio: para falar com o rei."

A confusão é produto desse olhar curioso e perplexo à complexidade e aos detalhes da realidade. Não que seja proibido ou grosseiro reparar na grandeza do que é belo e elaborado, muito pelo contrário. Este é o próprio instrumento do intelecto, ou seja, permitir-nos conceber a sofisticação que também produz reverência. O filósofo menor, porém, esquece dos sensos que o conectam com sua verdadeira reverência. O filósofo maior, o profeta, não vive apenas do aspecto superficial da razão ou dos adereços da realidade. Ele sabe que existem princípios que construíram o palácio e que são muito mais fabulosos e esclarecedores do que a análise externa. Correr para a sala de onde se origina a inteligência que faz palácios é a atitude mais sagaz.

Como havíamos comentado antes, a certeza aplicada à dúvida produz o que de mais sofisticado nos oferece o intelecto. Mesmo assim, acumula confusões e, por conta delas, serve a falsos deuses. É a dúvida aplicada à própria dúvida, como também já havíamos mencionado, que liberta o filósofo e o faz profeta ou um visionário.

"Certa vez foi dito ao Rabino Pinchas de Korets que, no passado, um sábio, que atendia pelo nome de Spinoza, havia afirmado que o ser humano tem a mesma natureza dos animais e que, de forma alguma, está acima dos animais.

"O rabino sorriu e disse: 'Alguém deveria perguntar a este livre-pensador se os animais conseguem produzir em seu meio um pensador como Spinoza.'"

O que o rabino faz na história é produzir dúvida sobre a certeza da dúvida do próprio pensador. Não devemos deixar de entender a produção intelectual, soberana e independente, como uma inteligência. Apenas que, para ser realmente profunda e não apenas um labirinto de pensamentos, o filósofo tem de ofertar de tempos em tempos as confusões que se acumulam. Queimar a confusão no altar não trai a qualidade do pensamento, mas o conecta com a razão maior de se estar no palácio.

As oferendas de medo, desconfiança e confusão produzem uma coragem descontraída de viver, que conhecemos como alegria.

Senso de revelação
Buscando a verdade, em vez da certeza

UMA DAS QUESTÕES MENOS compreendidas sobre inteligência espiritual diz respeito às revelações. A grande maioria das tradições espirituais constitui-se a partir da premissa de uma revelação. No entanto, se a revelação é própria do mundo espiritual, como podemos dizer que esta é uma dimensão na qual a dúvida se aplica à dúvida? Se algo é revelado, deveríamos estar lidando com certezas, como postulam as correntes fundamentalistas de nosso tempo. Afinal, se um profeta é veículo para trazer direcionamentos divinos a essas paragens, deveríamos tratar o universo espiritual como o espaço absoluto da certeza.

Ocorre que estas revelações como produção de uma inteligência espiritual nunca são certezas, mas apenas verdades. As verdades admitem que existam em oposição a elas outras verdades. A certeza, no entanto, é ditatorial. A primeira diz respeito à busca humana, a segunda, ao desejo, profundamente arraigado em nós, de controle. As verdades são geradas a partir do conflito e da experiência. São concebidas como absolutas e, ao mesmo tempo, flexíveis, como tudo o que diz respeito à sabedoria mais profunda. Isto porque *saber não é algo que se possui, mas um exercício constante de contato com a vida*. A verdade é dinâmica e, ao mesmo tempo, maleável à vida.

Um de nossos erros mais comuns é buscarmos por certezas para aplacar nossas perguntas e questões. Se, em vez disso, buscássemos as verdades, veríamos que estão disponíveis e que nos respondem mais do que as certezas. No entanto, as pessoas buscam pelos manuais, pelo "como fazer", e perdem contato com o mais importante elemento das verdades – as dúvidas e as incertezas.

Conta-se que uma mulher estéril procurou um rabino para que lhe desse uma bênção e pudesse dar à luz o filho que tanto ansiava. O rabino lhe disse: "Não posso fazer milagres, mas conheço uma mulher em situação semelhante que procurou um rabino pela mesma razão. O rabino lhe disse o mesmo que estou lhe dizendo e ela saiu de seu gabinete, retornando pouco depois com um xale de orações, que ofertou ao rabino de presente. Poucas semanas depois, estava grávida."
A mulher se retirou e em poucas horas estava de volta com um xale de orações para presentear o rabino. "Não, minha filha", disse o rabino pacientemente, "a mulher que lhe relatei não conhecia essa história!"

As respostas relativas a verdades não podem ser copiadas, elas não são certezas como estas, que, em laboratório, consagramos, porque se repetem infinitamente. Dizia o Rabino de Kotzk: "Tudo neste mundo pode ser imitado, com exceção da verdade. Porque a verdade que é imitada não é mais uma verdade." Não pode ser imitada, mas é ao mesmo tempo absoluta. Como pode ser isso? Se algo é total, incondicional, tal como percebemos as verdades, por que não poderiam ser imitadas? Por que razão a mulher que reproduziu a mesma situação da mulher da história relatada não consegue os mesmos resultados para si? O rabino pacientemente tenta explicar-lhe que ele não é uma referência para certezas, mas para verdades. As bênçãos e as surpresas são produzidas a partir da capacidade de um indivíduo para se conectar com as fontes mais puras da realidade, que convencionamos chamar de verdades. A mulher da primeira história é capaz de fazer vínculos de seu desejo de dar à luz, com uma entrega totalmente espontânea. É das profundezas dessa doação que seu útero se abre. De posse dessa sua verdade, esculpida de vida, há resposta e há essa fantástica sensação de que somos atendidos.

A ignorância espiritual acredita que somos atendidos porque lá em cima existe um sistema de filas e senhas. Como se a fé fosse feita de certezas, como mais um artigo de consumo. Lembremo-nos que toda a realidade espiritual é constituída de escuridão. A claridade e as certezas promovem buscas agradáveis, mas que não resultam em "chaves". Pela perspectiva de uma certeza, não faz sentido acreditar que xales de oração produzam fertilidade. Mas como uma "verdade", o episódio relatado pelo rabino é indiscutivelmente eficiente.

As verdades ou as revelações representam um sagrado paradoxo. Como tudo que é espiritual e existe sob a forma de tensão, a verdade é um absoluto que é relativo, um irrestrito que é restrito, ou uma dúvida que é mais adequada e responde mais do que uma certeza.

Os que conhecem a natureza da verdade sofrem ao ver indivíduos, ou mesmo uma civilização, que corre atrás de certezas para suas questões mais importantes. As respostas estão disponíveis, mas são ignoradas porque não temos o aparato espiritual para enxergá-las.

O seguinte comentário de Rabi Pinkas é elucidativo. Dizia ele:

"Está escrito que aquele que conduz sua vida apropriadamente deve enxergar com olhos que não enxergam e ouvir com ouvidos que não ouvem. E este é um importante ensinamento! Porque o que mais experimento em minha rotina como rabino é receber pessoas que vêm a mim trazendo perguntas para aconselhamento e vê-las responder suas perguntas na própria pergunta."

O rabino se surpreende que as respostas estejam encravadas nas perguntas. Obviamente, não são certezas, mas verdades. Por serem verdades, não podem ser imitadas ou repetidas e não têm a aparência do que normalmente enxergaríamos como uma "chave". Esta é a importância de enxergar com olhos que não enxergam ou ouvidos que não ouvem. Ver (para crer!) ou ouvir (para testemunhar) são os instrumentos de medição de certezas mais precisos de que dispomos. Para descobrir verdades, o ser humano também precisa ver e ouvir, mas com olhos treinados para ver sem enxergar e ouvidos que escutam mas não ouvem.

As verdades só são reveladas nessa dimensão em que não existem como um artigo ou produto de consumo e, portanto, não podem ser transmitidas. Elas podem ser compartilhadas, mas não se prestam a ser ensinadas ou copiadas. Este é o problema daquele que sobe em banquinhos nas praças públicas, tentando convencer os passantes. O convencimento tem a ver com certezas e não com verdades, justamente porque estas não podem ser transmitidas ou ensinadas. Todo o convencimento e a busca de conversão do outro é um ato de ignorância espiritual. Trata-se de um mercado de certezas, nunca de verdades.

Verdades não têm utilidade para alto-falantes!

Conta-se que certa vez uma multidão dirigiu-se ao Rabino de Apt para ouvir seus ensinamentos.

"Isto não vai ajudar-lhes", gritou à multidão. "Aqueles que estão prontos a ouvir meus ensinamentos os escutarão mesmo que de grande distância; aqueles que não estão prontos para ouvir, não ouvirão, por mais próximos que estejam."

Só é possível converter alguém, se este for preenchido de certezas. É isso que as famosas "lavagens cerebrais" fazem. As pessoas são sobrecarregadas de certezas que ocupam espaço destinado a verdades, aniquilando as tensões e, por sua vez, as dúvidas e as incertezas. Podemos dizer que a fé é um rompimento com o processo de indagação e busca em dado momento, mas jamais é o começo deste processo. Sua "certeza" é forjada no fogo de nossas dúvidas mais profundas. É a sagrada dúvida que aplicamos às dúvidas, tornando-as sensos, mas jamais deverão ser confundidas com conhecimentos. Nossas reverências nos fazem discernir o claro em meio ao escuro, mas jamais serão o óbvio da claridade. Podem parecer-nos evidentes por sua lucidez, mas jamais serão o inequívoco da certeza.

O perigo da ignorância espiritual é que ela é mais perversa do que a falta de fé. Um ateu ou uma mente cientificista é limitada a aspectos da realidade que podem ser "comprovados". Seu discernimento teme fazer uso de sensos e reverências, rejeitando as dúvidas como refúgio e nunca como matéria-prima. No entanto, o ignorante espiritual confunde no nível intelectual a verdade forjada da dúvida profunda com certezas. Acredita que a lucidez que conheceu em meio à escuridão era uma claridade. E revelação se faz doutrina, e saímos da esfera da leitura da realidade para a dimensão do poder.

Senso de tolerância
Resposta e poder

A REVELAÇÃO ESTÁ PARA A pergunta como a doutrina está para a resposta, a primeira para a verdade como a segunda para a certeza. Dificilmente percebemos isto, mas o que mais nos ilumina não é uma resposta, mas a tensão que mantém com a pergunta que a produziu. Sem uma nítida percepção da pergunta, as respostas são frias e vazias. Poderíamos sintetizar, dizendo que a sabedoria não perde a tensão entre pergunta e resposta, uma vez que tenha encontrado uma resposta. Além disso, a espiritualidade é a aplicação do "medo, da desconfiança e da confusão" à resposta e não à pergunta. Vamos tentar entender isso melhor.

O texto bíblico, por exemplo, revela sua magia e sacralidade na tensão entre as perguntas e as respostas que contém. Ou poderíamos dizer que essa tensão foi vivida ao longo dos séculos como a tensão entre a revelação e a doutrina. Por um lado, o texto serve à revelação, ou seja, seu caráter interpretativo exige exegese e comentário. Por outro, serviu de fonte para doutrinas e dogmas que hoje, talvez mais do que em qualquer outro momento, fazem parte do mapa religioso do Ocidente.

O texto em si é indiscutivelmente uma revelação na medida em que produziu verdades. Como sabemos disso? Porque o texto produziu e produz certezas que deixaram e deixarão de ser certezas, como é da natureza da interpretação. O exercício de interpretar e reinterpretar mantém o texto aberto – imutável e flexível, em um bom paradoxo, como exige a espiritualidade. É indiscutível também que este processo tenha gerado as maiores ignorâncias espirituais já conhecidas na História. E não é para menos. As dúvidas aplicadas às dúvidas de uma geração se transformaram em certezas e essas foram codificadas em comentários e comportamento. A geração subsequente recebe essas "certezas" e tem o duplo trabalho de flexibilizá-las na condição de "verdades" do passado, para que só então possa interagir com elas. Se essas verdades permanecem como "certezas", então imperam as doutrinas, e o passado se torna um fardo espiritual para o presente. Se, ao contrário, são percebidas como verdades do passado, representam um importante patrimônio para o presente. Podemos, assim, subir no ombro das gerações anteriores e vermos mais longe. E longe não quer dizer apenas olhar para respostas melhores mas, ao contrário, mergulharmos mais profundamente também em suas perguntas e inquietações.

Uma tradição ou um texto sagrado é mais ou menos espiritualizado na medida em que suas doutrinas (ou o passado percebido como "doutrinas") sejam tolerantes com a revelação que as novas gerações recebem. A Torá (o texto revelado no Monte Sinai) é novamente revelada a cada geração, se for sua vocação produzir verdades. Nesse caso, essa revelação estará mais preocupada em reabrir as perguntas e vitalizá-las do que fazer isso com as respostas produzidas no passado. Ou, como havíamos colocado, quando os medos, as desconfianças e as confusões se aplicarem não às perguntas que o presente produz (como é comum), mas se voltarem às respostas produzidas no passado. Atente-se que não se trata de abandoná-las como refúgio, mas, ao contrário, integrá-las como matéria-prima e patrimônio de nossas dúvidas no presente.

É curioso que a ciência tenha horror às doutrinas porque estas impedem o livre-pensamento mas, para considerações espirituais, ambas são extremamente semelhantes. A doutrina diz respeito à esfera do conhecimento (certezas aplicadas às certezas), e a ciência à esfera da compreensão (dúvidas aplicadas às certezas). Ambas são parceiras no antagonismo ao risco e à incerteza produzida pelos sensos e pelas reverências. Fazendo-se uma ressalva ao novo olhar da ciência de ponta, que busca integrar maior nível de incerteza e de improbabilidade à realidade, ciências e doutrinas são frutos do desejo de poder e não do desejo desinteressado de ler a realidade.

O fanatismo e o consumismo são lados de uma mesma moeda, e nenhuma doutrina "espiritual" melhor expressou isso do que o socialismo utópico. Sua visão continha uma proposta de radicalismo profético, que expunha o interesse último das doutrinas e das ciências como sendo um instrumento de poder. Sua visão de mundo, sua leitura de realidade, é impregnada de reverências. Ela se constrói de uma igualdade que não é encontrada em lugar algum da natureza. Espera do ser humano uma generosidade e uma maturidade dignas de muita fé. Em vez de se perguntar se Deus existe, duvidando das dúvidas e produzindo fé nessa crença, impõe dúvidas às dúvidas acerca das limitações humanas e produz fé em um ser humano ético. Esse homem, como imagem e semelhança de um ideal de absoluto, é prosseguimento de uma longa corrente de profetas que incluem Moisés, Buda, Isaías, Ezequiel e Jesus. Todos os citados, mais do que fé em Deus, tiveram fé no que era sua imagem e semelhança menor – o ser humano. E por terem sido pessoas lúcidas e conhecedoras das vicissitudes humanas e de seu desejo por poder sem qualquer ingenuidade, tiveram muita fé nas pessoas, muito mais fé do que a maioria de nós pode ter.

* * *

A fonte do desejo de poder é o controle. Precisamos de controle para deter a morte. Este é o sonho messiânico de tantas correntes que expressam ignorância espiritual. A espera de que a realidade se resuma um dia às certezas é o desejo mais cruel com que convivemos. É a este perigo que o texto de Gênesis se refere no simbolismo da Árvore do Conhecimento ou mesmo da Torre de Babel. O ser humano pode tomar a sua "imagem e semelhança" como algo externo, em vez de interno. Pode querer ser externamente como a projeção absoluta de si e viver em ilusão. Ou pode ter tanta fé em si, que creia no mais improvável – um ser humano que tenha a inteligência de enxergar no escuro, de saber antes de saber e reverenciar.

O fanatismo e o consumo querem "colocar para dentro" o que é externo, o primeiro pela certeza e o segundo pela posse. Nesse sentido, muitas vezes a associação de certas entidades fascistas com a tradição e a propriedade é perfeita. A certeza garante a posse e a posse a certeza. Nesse sentido, entendemos que toda a ênfase em respostas deriva do desejo de poder. A resposta que rapidamente se livra de sua pergunta de origem, sem manter com ela uma tensão, revela uma agenda oculta de poder e controle.

George Santayana dizia: "O fanatismo consiste no ato de redobrar esforços por conta de se ter esquecido dos objetivos." O fanatismo privilegia a resposta, até porque se esqueceu da pergunta ou porque deliberadamente quer se ver livre da pergunta. O fanatismo quer por outra via da certeza fazer o que a ciência acalenta como agenda oculta: o controle. Em vez de um processo de vida que oferte gradativamente medos, desconfianças e confusões em altares, seus conceitos se baseiam em banir, suprimir ou exorcizar. O extremo oposto da espiritualidade não é o materialismo ou a ciência, mas o fanatismo. Como o Hafetz Chaim afirmou: *Com fé, não há perguntas; sem fé não há respostas*. Há um paradoxo que, existindo sob tensão, é talvez o mais importante instrumento para lermos a realidade. A perda dessa tensão, no entanto, produz as respostas sem perguntas que a fé do fanático institui, ou as perguntas sem respostas que a ausência de fé da ciência institui. As dúvidas aplicadas às dúvidas geram verdades que são imprescindíveis às respostas, mas produzem também o efeito maligno das certezas.

As certezas, ao contrário das verdades, são um truque. E, como todo truque, não funciona na realidade, apenas aparenta funcionar. Seu funcionamento é simples, como já identificamos. Absorvem-se as respostas e descartam-se as perguntas, destruindo-se as evidências que poderiam questionar essas respostas no futuro. Toda resposta é uma proposta política e expressa poder. Uma resposta que valha 1.000 anos é tudo de que um ditador precisa. Seu projeto é sempre destruir a semente que poderia permitir uma nova resposta.

A resposta sem sua pergunta é fechada e intolerante; é a concretização de uma vontade.

A intolerância é a reação do amedrontado, do desconfiado e do confuso, cuja função maior é ocultar perguntas e essências.

Certa vez, um homem procurou o Rabino de Kotzk e disse-lhe que estava com problemas: "As pessoas me chamam de fanático. Por que me atribuem essa enfermidade? Por que não me reconhecem como uma pessoa piedosa?"

O rabino respondeu: "Um fanático converte questões essenciais em questões marginais e questões marginais em questões essenciais."

Quando olhamos nossas vidas com mais atenção, percebemos o quão fanáticos somos. A tristeza, o aborrecimento e a intolerância são atos fanáticos, pois geralmente priorizam o irrelevante e relegam a segundo plano o que é essencial.

A tolerância é a medida da espiritualidade. Não se trata de complacência ou condescendência, mas da tolerância sincera que sustenta todas as perguntas vivas e não as enterra como evidência do crime da resposta. Por mais seguro e convicto que um indivíduo esteja, seu compromisso é com a pergunta e nunca com a resposta. Só o fanático tem um pacto com a resposta. Aquele que é espiritualizado nunca vende sua alma à resposta. A convicção deveria se nutrir da tensão entre pergunta e resposta e nunca temê-la ou dela desconfiar. Indícios de medo e desconfiança mostram o quanto de confusão existe nessas convicções.

Aquele que não está pronto a sacrificar sua resposta, sua única e tão amada resposta, não pertence à herança de Abraão, pronto a sacrificar seu "único e amado filho/convicções". Mas o que parece um sacrifício, um holocausto da resposta, dá luz a uma verdade que sempre esteve viva por trás da antiga resposta.

A única forma de libertar um fanático ou um ignorante espiritual é restaurar a tolerância a si próprio. É notória a técnica de projetar a intolerância para consigo por sobre o mundo externo. Ao ser intolerante com o mundo à sua volta, o fanático encontra trégua de sua intolerância para consigo. Não há dúvida de que o fanático está para a espiritualidade como as doenças autoimunes estão para a saúde. As doenças autoimunes são uma exacerbação do sistema imunológico, levando o próprio organismo a atacar não só micro-organismos intrusos, mas também o próprio indivíduo. A defesa é algo tão imprescindível quanto letal. Na esfera espiritual, a busca por respostas pode fazer-nos vítimas de ataques implacáveis dessas mesmas respostas.

Uma história sobre o Rabino de Lechovicht conta que este foi procurado por um fanático:

"Rabino, qualquer penitência que me seja pedida eu farei. Jejuns, mortificações e abstinências... basta recomendar e eu as farei a todas, contanto que possa expiar meus pecados!"

O rabino reagiu: "E você fará tudo que eu te instruir sem questionar e sem mudar minha recomendação, seja para a direita ou para a esquerda?"

"Farei tudo, cumprirei cada palavra!", disse o homem contrito.

"Então, preste atenção. Todo dia você vai preparar um café da manhã refinado, com tudo que mais lhe apraz. No almoço e no jantar, vai se tratar com todo o cuidado, nunca deixando de ter uma boa garrafa de vinho para acompanhar. Cuide para que você durma em uma cama muito confortável, tomando providências para ter sempre uma boa noite de sono. Não faça nada que o desagrade e nem de longe se aflija com qualquer automortificação. Depois de um ano, retorne e veremos o que iremos fazer."

O penitente não podia acreditar. Tinha se preparado para ouvir as exigências mais cruéis e recebia esse tipo de instrução?

De volta à sua rotina, ele se viu torturado pelos mesmos pensamentos: "Aqui estou eu, um pecador que constantemente se rebela contra o seu Criador e que arrastou sua alma das alturas às profundezas da corrupção, como posso deliciar-me com os prazeres do mundo e mimar a mim mesmo dessa maneira?" A cada refeição, ele vivia essa mesma tortura; sentia-se arrasado e não encontrava paz para si. Apesar de ser um homem forte, ao final desse ano ele estava pálido e um caco de gente. Mal teve forças de procurar o rabino ao final desse período.

O rabino olhou para aquele homem destroçado e disse: "Já basta!"

E o rabino receitou-lhe uma vida normal, sem excessos tanto em indulgências como em exigências, e ele viveu o resto de seus dias de forma alegre e serena.

Para tanta intolerância, o rabino receita uma dose intolerante de tolerância. Como em um tratamento de choque, utilizando-se da crueldade de um intolerante que tem de ser tolerante consigo mesmo, o rabino deixa exposta a doença. O que lhe dava prazer era o martírio e a autopunição. O rabino não iria lhe prescrever algo tão prazeroso quanto o sofrimento, se pretendesse ajudá-lo a modificar-se. Todo fanático deveria ser tratado de forma semelhante. As respostas ocultam a confusão; as perguntas oferecem verdades. Viver um ano em pergunta, no prazer profundo da pergunta com suas libertadoras opções e possibilidades, é o tratamento de desintoxicação de que os fanáticos tanto precisam para resgatar a sagrada tensão entre pergunta e resposta. A opção é tolerar ou ser ignorante.

Senso de conexão
Quanto mais só, mais junto

A RAZÃO MAIOR DE SERMOS atraídos pelas respostas está em nossa solidão. Se por um lado experimentamos logo ao nascer a existência de um seio à nossa espera, e junto com ele uma mãe, uma família, uma sociedade e uma agenda de crescimento e desenvolvimento, por outro existe a incerteza de que esse seio chegue a nossos lábios, que o carinho e cuidado de pais e sociedade supram nossas necessidades, ou que nosso desenvolvimento não seja interrompido pela morte.

Todo o aparato que a vida apresenta para atender às nossas necessidades não elimina o fato de que somos sozinhos. É possível faltar o seio, porque não somos mais um único ser com nossas mães. Pode o outro faltar a nós e nós ao outro porque somos separados, cada um sozinho. É essa realidade que nos impressiona na morte: os mais próximos têm um destino próprio, assim como nós temos um destino próprio independente deles. Há um elo, no entanto, fino como um fio de cabelo, que sustenta uma conexão entre destinos, indivíduos e realidades independentes. Em nossos dias, essa conexão é sustentada, por um lado, pela ecologia – para a qual cada indivíduo e cada espécie têm uma interseção no todo – e, por outro lado, é rejeitada pelo individualismo, que coloca nossa qualidade de vida acima de qualquer valor. Vale, portanto, questionar que conexão é esta em que tantos dizem acreditar, mas que não os faz "sair de guarda-chuva na mão"?

Uma amiga relatou-me ter ido com seus pais para uma entrevista com o rabino que iria oficiar seu *bat-mitzva* (sua confirmação religiosa). O rabino, segundo ela, com grosseria e chavões repetia sem parar: "Tudo é conectado, tudo é conectado." Quando saíram da entrevista, ela e os pais voltaram para casa ironizando o clichê: tudo é conectado. Os chavões são um retrato daquilo em que "acreditamos", mas não a ponto de nos fazer levar "guarda-chuvas". "Tudo é conectado" é uma noção a ser resgatada de um lugar-comum e transformada em um senso.

A primeira providência para resgatar este senso de conexão depende de suportarmos ser sozinhos. Em geral, não suportamos essa condição porque a confundimos com solidão e isolamento. Lutamos desesperadamente para que tudo seja conectado, mas do lado de fora, externamente. Se pudermos ter posse e adquirir coisas, então nos sentimos conectados. O sentimento de que temos casa, família, cachorro, carro etc... faz com que vivamos uma falsa sensação de "conexão". Outro truque muito comum é tentar viver a vida dos outros para reduzir essa solidão. Esse truque que parece nos conectar, por vezes nos fazendo inseparável e dependente do outro, é uma ilusão que deságua em insatisfação e frustração.

Conta-se sobre um rabino que foi procurado por um comerciante. O comerciante se queixava que tinha aberto uma loja na mesma rua onde havia um concorrente e que este conseguia um movimento muito maior do que o dele. Ele queria saber do rabino porque tinha um resultado inferior.

O rabino disse: "Talvez ele tenha produtos de melhor qualidade ou mais baratos." Ao que respondeu o comerciante: "Observo tudo o que ele tem e tenho igual por preço menor."

"Talvez ele tenha uma seleção melhor de artigos", disse o rabino.

"Impossível, acompanho tudo o que ele tem e, além de seus artigos, tenho muitos outros que ele não tem."

"Talvez o número de vendedores?"

"Sei quantos ele tem e contrato um número maior que o dele."

"Quem sabe os horários de funcionamento de sua loja sejam mais adequados?"

"Impossível. Sei qual é o seu horário e permaneço aberto antes e depois dele."

Ao que o rabino reagiu: "Já sei qual é o problema!"

"Qual?", perguntou o comerciante, entre curioso e defensivo.

"Você está tão ocupado cuidando da loja dele que não consegue cuidar da sua!"

Conectar-se do lado de fora, cuidando dos negócios dos outros, é um truque que pode nos dar a sensação de que não somos sozinhos. Nossas invejas, nossas rixas e nossos ressentimentos parecem nos dar um prazer dissimulado de controle e segurança. O mesmo faz o "amor" exacerbado que quer viver a vida dos outros. É pela descoberta de que controlar o negócio dos outros acaba por prejudicar nossos próprios negócios que nos mobilizamos para abandonar esse truque.

Para que nosso "negócio" possa ir bem, devemos compreender que não é este tipo de conexão externa que pode nos salvar do senso de solidão. Ao contrário, é uma ilusão que aprofunda esse sentimento.

Reconhecer essa "conexão" exige primeiro que resgatemos o senso de que, sim, somos sozinhos. A realidade deste mundo é que o peito que nos supre é separado de nós. Nossa própria mãe, a matriz ou o outro que é mais próximo de nós, tem um destino externo independente.

Por outro lado, o pai – o mestre que acreditamos estará sempre ao nosso lado para mostrar o caminho – nos faltará nos momentos mais importantes. As decisões mais cruciais terão de ser tomadas em solidão e esta é a descoberta que transforma discípulo em mestre, filho em pai. Ninguém poderá fazer as coisas mais importantes por você. Este estar só tão profundo, no entanto, não é um abandono. Como em tudo o que diz respeito à espiritualidade, tratamos da integração de contradições – sermos sozinhos nos faz descobrir a conexão.

Certa vez, um de seus alunos perguntou ao Baal Shem Tov: "Por que nos momentos mais importantes, quando percebemos uma conexão com Deus, experimentamos uma sensação de interrupção e de que está novamente distante?"

O Baal Shem Tov explicou: "Quando uma criança pequena aprende a caminhar, seu pai se coloca diante dela e segura suas duas mãos para que não caia. Logo depois a solta e, cada vez que a criança se aproxima, ele se afasta um pouquinho. Repete isso vez após vez até que aprenda a caminhar."

Os momentos em que percebemos a solidão e a desconexão são os momentos em que estamos aprendendo "a caminhar". Novamente, o contrassenso se expressa espiritualmente no fato de que só estamos conectados (perto) quando estamos sozinhos. Todos os outros momentos nos quais nos sentimos seguros pelas mãos, quando ilusoriamente nos sentimos juntos e seguros, nesses momentos não estamos caminhando e não estamos sendo "cuidados" para que aprendamos a caminhar por conta própria.

Essa solidão acompanhada e conectada é algo que nos liberta. É fundamental saber discernir entre o apego que nos leva gradualmente ao isolamento e a entrega que nos coloca em um caminho que não é apenas nosso, uma vez que muitos por lá passaram, muitos por lá passarão e muitos já são nossos companheiros de viagem. Esse movimento que nos transcende também nos coloca juntos e nos deixa conectados. "Tudo é conectado" aos poucos assume o lugar de uma verdade (não confundir com "certeza").

Saber ser só para não estar em solidão é o segredo. Quanto mais buscamos estar acompanhados por pessoas e por coisas, maior o isolamento que experimentamos.

Conta-se uma história sobre o Rabino Mendel, cujo mestre havia falecido recentemente. O rabi estava bastante atormentado pela perda do mestre. Afinal, quem iria ser seu instrutor e tutor de agora em diante? Desesperado, teve um sonho em que seu mestre tentava confortá-lo: "Estou disposto a prosseguir sendo seu mestre!" Ao que Rabi Mendel contestou: "Não quero um mestre do outro mundo!"

Rabi Mendel traz o mestre dentro de si, mas não consegue desapegar-se de sua ausência. O sonho o confronta com a escolha de uma "companhia que o faria um solitário" ou com estar sozinho, mas conectado. Rabi Mendel entende as opções e, fazendo uso de sua inteligência espiritual, recusa a ilusão em troca de algo real.

A verdadeira conexão só existe quando assumimos nossa condição de sozinhos. A maioria de nós luta contra essa condição e, por consequência, sente-se isolada. Quanto mais sozinhos, mais próximos estamos dos outros e de tudo.

Senso de medida
Quando mais é menos

Outra contradição importante se encontra na ideia de medida. Acreditamos que as medidas são lineares, quando na realidade elas funcionam por saturação. Uma das palavras mais bonitas do hebraico antigo é a palavra "lição", ou "ensinamento". Esta palavra – *shiur* – quer dizer "medida". Há uma medida exata que ensina. Essa medida sabe fazer uso perfeito do conhecimento já sabido e de um grau exato daquilo que é novo. As medidas de "matéria já dada" e "matéria nova" devem ser estabelecidas com precisão. O bom mestre é um artista que sabe combinar conhecido e desconhecido em uma medida que é a própria "lição". Um pouco mais de conhecido e menos de desconhecido, ou vice-versa, não constituem uma lição – terá sido uma repetição, ou um novo que satura e não desenvolve.

Entender que o desenvolvimento está na própria medida nos faz entender muitas coisas nesta vida. Todas as necessidades nos demonstram isso rotineiramente, mas relutamos em aceitar. As coisas só são boas em dada medida. Mais ou menos representará sempre alguma forma de disfunção e de dor. A fome é uma dor, mas a náusea pelo abuso também. Nada que seja vital o é em carência ou exagero. Porém, nossa dificuldade não está só em compreender isso, mas em entender o processo pelo qual as coisas podem ser mensuradas.

Se sobrecarregarmos um sistema elétrico, tornando-o aquecido, seu consumo será maior. Teremos aumentado a resistência interna, causando perdas desnecessárias.

Essa resistência que não contabilizamos é que nos faz ultrapassar limites desejados. Quantas vezes nos pegamos no carro com um sanduíche na boca, telefone celular em uma das mãos, enquanto estamos dando marcha à ré. Não percebemos que o custo de comer, falar ao telefone e dar ré não é o mesmo que fazer cada uma dessas tarefas separadamente. Juntas, há resistência e custos embutidos que normalmente não percebemos. Julgamos estar fazendo economia de tempo, mas o relógio que mede seu consumo está girando mais rápido. Sem dúvida, a sensação de que fazemos mais ao realizar várias tarefas ao mesmo tempo é uma ilusão.

Para aquilo que é vivo, as somas a partir de uma certa saturação se transformam em uma equação mais complexa. Há coeficientes que aumentam quando ultrapassamos certos patamares. Essas equações se tornam complexas demais para serem percebidas, e somos enganados. Infelizmente, só as reconhecemos quando ficamos doentes, ou quando nos vemos diante de processos irreversíveis, que nos fazem verdadeiramente avaliar a realidade das medidas.

Logo após um acidente de avião, perguntou-se a um especialista em segurança aérea: "O piloto cometeu um erro?" O especialista respondeu: "Um erro? Não, vários." Explicou então: "Quando um piloto comete um erro, ele sai de uma área de segurança que denominamos protocolo verde para um alerta amarelo. Se cometer outro erro, sai do protocolo amarelo para o vermelho. A partir daí, se cometer um único erro ele cai."

Acredito que descrição similar possa ser feita para áreas de gerenciamento de nossa vida. Temos muito pouca sensibilidade para detectar as mudanças de verde para alertas amarelos e vermelhos. Talvez mais que evitar erros, devamos nos concentrar em desenvolver noções mais exatas acerca da realidade em que nos encontramos. Essas mudanças de estágios de alerta são semelhantes às saturações que mencionamos.

Os custos embutidos em "resistências" maiores podem parecer insignificantes em uma mudança da realidade verde para amarela. Mas são consideráveis de amarela para vermelha e irreversíveis a partir da vermelha. Enquanto na esfera do verde um mais um é igual a dois, no amarelo isso não é verdadeiro. Na esfera do amarelo, há sobretaxas a "um mais um é igual a dois", e na esfera do vermelho esse índice de "resistência" pode se tornar relevante, a ponto de se tornar uma verdadeira distorção.

Um antigo ensinamento do deserto diz que, quando a carga ameaça tombar do lombo de um camelo, basta uma pessoa para endireitá-la. Uma vez que tombe, serão necessárias quatro ou cinco pessoas. O "tombamento" reflete uma saturação que modifica as escalas de impacto e consequências, e tantas vezes na vida somos surpreendidos por esses "custos altos", sem entendermos de onde se originam.

Saber o tamanho das coisas e conhecer a natureza das medidas é uma inteligência fundamental. A vida impõe resistências que aumentam exponencialmente, à medida que buscamos exercer controle sobre o mundo externo. Quem se pautar por este mundo externo verá que suas contas não fecham, pois há gastos excessivos, custos misteriosos que não batem com a contabilidade interna. Uma das áreas em que mais sentimos isso é em nossa relação com o tempo. Quanto mais quisermos realizar no mundo exterior, por mais que sejamos racionais e otimizemos nosso tempo, ele escoa em custos do tipo "um mais um é igual a dois e alguns trocados". Esse resíduo que satura pode abortar ou arruinar muitos processos de nossa vida, ou até extingui-la, se não nos sensibilizamos com relação a ele.

Devemos aprender que saúde e equilíbrio significam medidas. O que é demais é sempre mais custoso e destrutivo. Mas poucos de nós se preocupam com os excessos, fazendo da carência a grande vilã.

A Ética dos Ancestrais *(Pirkei Avot,* 2:8), livro judaico de sabedoria do século I, tenta listar tudo aquilo que em excesso é custoso. Em sua lista de coisas que em excesso significam escassez, estão incluídos: "Quanto mais apego, mais perda; quanto mais respostas, mais dúvidas; quanto mais poder, mais preocupação."

Esta é uma diferença fundamental do mundo material e espiritual. Certas medidas que na esfera material podem somar-se, na esfera espiritual, dependendo de saturações, transformam-se em subtração.

Conta-se que o Chafetz Chaim certa vez encontrou um conhecido na rua e perguntou como este passava. O conhecido respondeu: "Bem... mas não faria mal estar melhor!" Ao que o Chafetz Chaim retrucou: "Como você sabe que não faria mal?"

Podemos saber intelectualmente que "mais" pode não ser bom, mas dificilmente temos compreensão espiritual de que isso é verdadeiro. Buscamos mais, sonhamos com mais e depositamos confiança de que "mais" nos trará satisfação e bem-estar. A grande ironia, no entanto, é que isso, espiritualmente, não corresponde à realidade.

Senso de prioridade
A ordem modifica a essência

UMA DAS RECOMENDAÇÕES IMPORTANTES presentes em *A Ética dos Ancestrais (Pirkei Avot,* 3:11) determina que a ordem dos fatores altera o produto. "Em nome de Rabi Hanina, é dito que: 'Para aqueles em que a reverência precede a sabedoria, a sabedoria permanece; para aqueles em que a sabedoria precede a reverência, a sabedoria não permanece.'"

O significado dessa postulação é ser a reverência uma moldura à sabedoria. Não se pode realmente saber algo, sem que tenhamos clareza de para quês, porquês e, talvez, para quem. A reverência é o único alicerce sobre o qual qualquer leitura da realidade pode se firmar. Sem ela, o saber fica sem sentido, e onde não há sentido o ser humano sempre preenche com a ideia de que o sentido é ser para si próprio.

Uma questão de gerenciamento pode bem ilustrar essa teoria de que a ordem altera fatores.

Certa vez, um mestre trouxe um balde de metal e preencheu-o até em cima com pedras grandes. Perguntou a seus discípulos: "Está cheio?" Responderam que sim.

Imediatamente, tomou pedras menores e as despejou sobre o balde. Pouco a pouco as pedras encontraram lugar nos vazios entre as pedras maiores e se acomodaram no balde. O mestre tornou a perguntar: "Está cheio?"

Os discípulos responderam que sim.

O mestre tomou desta vez uma vasilha que continha areia e a despejou por sobre o balde. A areia foi gradualmente ocupando os espaços entre as pedras maiores e as menores, de forma que também se assentou.

Novamente tornou a perguntar: "Está cheio?" Responderam, dessa vez, seguros de que estava.

O mestre buscou um jarro com água e o despejou por sobre o balde. A água rapidamente encontrou seu caminho nos interstícios de pedras e areia.

Agora, sim, estava definitivamente cheio.

Perguntou, então, aos discípulos qual era a lição que se poderia depreender daquela demonstração.

Um discípulo disse que o ensinamento visava mostrar que sempre se pode encontrar mais espaço e que se deve estar atento para essas oportunidades.

O mestre discordou e disse: "A grande lição é que se não colocamos as pedras grandes primeiro, as menores depois, a areia em seguida, e por último a água, não é possível que caiba tudo no balde. Se fizéssemos ao inverso, colocando água primeiro, não haveria espaço para nada, especialmente para as pedras grandes."

A água representa a fisicalidade, a matéria que envolve tudo, até mesmo nosso sopro divino. A areia é a afetividade que permeia nossa existência; as pedras pequenas, o intelecto que edifica e ergue estruturas complexas. As pedras grandes são as pedras fundamentais da reverência. Se não as colocamos em primeiro lugar, nunca haverá espaço para elas. Nosso "balde" só pode conter tudo, se priorizarmos a reverência.

Entendemos isso com mais facilidade quando substituímos reverência por ética. Sem uma motivação ética que seja um primeiro movimento, uma intenção inicial, não se consegue incluí-la posteriormente.

Há prioridades que não podem ser precedidas por nada.

Conta-se que, logo após a morte de Rabi Moshe, o Rabino de Kotzk questionou um de seus discípulos:
"O que era a coisa mais importante para seu mestre?" O discípulo pensou por alguns instantes e respondeu:
"O mais importante para meu mestre era aquilo que estivesse fazendo no momento!"

A ordem altera o produto, sobretudo se não iniciamos pelo lugar e pelo momento do agora. Se o agora antecede o passado e o futuro, a inteligência espiritual se manifesta. Ao contrário, porém, se o passado ou o futuro têm prioridade sobre o agora, impossibilita-se a inteligência espiritual.

O primeiro passo é sempre a combinação de reverência e momento vivido. É essa a matéria-prima da presença e da inteligência espiritual.

Essa combinação de momento e reverência nos faz reagir espontaneamente à vida com muita gana e, ao mesmo tempo, humildade.

Quem de nós já não experimentou a sagacidade e a vitalidade de uma resposta ou uma atitude nascida do momento, de um dado "agora"? Essas experiências são sempre poderosas e mágicas, quando dispomos do freio da reverência para pautar-nos na liberdade verdadeira do agora.

Para podermos viver com qualidade, para sermos profundamente livres sem termos de recorrer a mecanismos de culpa e cobranças, dependemos da graça da reverência. É ela que prioriza "temor", em vez de "medo". Temor que funciona como "pedras maiores" e que deve preceder qualquer outro conteúdo.

Senso de recurso
Quem tem muito de si – tem tudo

UMA DAS DESCOBERTAS MAIS importantes para aqueles que se envolvem profundamente com a vida é o senso de recurso. Este senso é talvez um dos mais difíceis de se desenvolver, uma vez que ele se nutre de frustrações, perdas e carências. A mesma surpresa e maravilha, ao descobrir que o universo concebeu um seio para acoplar-se à nossa boca faminta, tem como contrapartida a maravilha de que a toda falta corresponde uma maneira de lidar com ela. Tudo o que dá errado, toda a dor, todo o sofrimento e todo desacerto têm uma forma de serem aliviados. A morte em si é a mais impressionante prova de recurso para o que é vivo. Ela é uma saída, mesmo que ninguém queira valer-se dela. Mas devemos percebê-la como um recurso, talvez a prova maior de que existe recurso para tudo. Mesmo quando não sabemos como lidar com a violência ou carências catastróficas, há sempre a saída de apagar, desmaiar ou morrer.

Normalmente, as pessoas percebem a morte como uma aberração, como o símbolo de que a vida não tem recursos. Entretanto, é justamente o contrário. Não há mal, mazela ou dificuldade que não tenha recursos, justamente porque podemos contar com o fim. Infelizmente, essa descoberta só parece ser usufruída por aqueles que têm tanto sofrimento, que encontram na possibilidade da morte a derradeira demonstração da misericórdia do universo. Há saída quando não há saída, graças à morte.

Não imaginamos a complexidade envolvida na geração de mecanismos de morte e desligamento. A mesma força que produziu seios, preocupou-se em criar a morte como um recurso último. Ou seja, a vida começa com os recursos dos seios e termina com os recursos da morte.

Temos grande dificuldade para compreender que a educação e o preparo de um ser humano dependem de insuficiências, ausências, carências e frustrações. As dores e os sofrimentos sempre foram recursos para se crescer, se desenvolver e atingir objetivos. A caça começa com uma dor, a dor da fome. Essa dor é um recurso. Sem ela, não seria possível sobreviver. Mas o bebê não identifica nessa fome a origem da possibilidade de saciá-la, ao contrário, identifica na fome a origem do desprazer e da carência. Como crianças cujo paladar é estragado por ketchup, abrimos mão de inúmeros temperos, porque não conseguimos identificar gosto que não seja através do doce. O amargo, o acre, o picante e tantos outros sabores são recursos maravilhosos, mas o paladar que só aprecia o doce não pode desfrutá-los.

Qualquer coisa que nos aconteça possui recursos. Nossa descrença nisso geralmente é expressa pela interrogação: e agora? Mas o agora tem sempre um recurso. E esta é a derradeira esperança e fé: quando as coisas não forem do jeito que a gente quer, seja lá o que vier, sempre teremos recursos para lidar com a vida. Essa é a sua própria definição e o que torna a vida tão fascinante e adorada. Nenhum de nós quer abandonar essa realidade que faz tudo por nós: nos faz nascer, nos designa como crescer e nos dá a misericórdia do fim, do término. Viver é estar imerso em recurso.

Para muitos, isso é resignação, parecendo um ato de abandono à vida, mas não é. Fronteiriça à resignação está a aceitação, e a tênue linha que as separa faz toda a diferença do mundo.

Uma das histórias mais famosas do folclore judaico conta sobre um homem muito pobre que vai ao rabino em desespero. Ele lhe relata que não aguenta mais as condições na qual sua família vive. Com dez filhos, morando em um pequeno casebre composto de um único cômodo, o homem relata seu desespero em ter crianças por todo o lado e viver sem nenhum espaço. Não consegue ter intimidade com sua esposa, e a qualidade de vida de todos beira o insuportável. O rabino ouve atenciosamente todas as mazelas do homem e, então, pergunta:

"Acaso vocês possuem uma vaca?"

"Vaca?", perguntou o homem, não compreendendo a conexão. "Sim, dispomos de uma vaca leiteira que nos supre de leite e derivados!"

"Muito bem. Isso é o que você vai fazer...", disse o rabino resoluto. "Pegue a vaca e coloque-a para dentro da casa. Faça isso pelo período de uma semana e, então, retorne."

Incrédulo, o homem obedeceu, mais por conta do prestígio do santo rabino do que por qualquer outra coisa. Passada a semana, ele retornou ainda mais desesperado. Suas olheiras emolduravam os olhos, as roupas sujas e o ar apocalíptico inspiravam piedade.

"Como está tudo?", perguntou o rabino, mal dando atenção aos seus sinais externos de desgraça.

"Como estou? Tudo que me faltava era aquela vaca fazendo necessidades na casa e ocupando o pouco espaço que tanto disputávamos."

"Muito bem. Pois tire a vaca de agora em diante e retorne em uma semana", disse o rabino em tom sábio.

Finda a semana, o homem aparece com um ar irreconhecível. Estava descansado e eufórico. O rabino perguntou:

"Como anda tudo?"

"Nunca esteve tão bem. Desde o dia em que aquela vaca saiu de nossa casa a vida mudou. Temos lugar para todos e descobrimos quão espaçosa é nossa casa!"

Contada por avós a netos, essa história muitas vezes passa uma mensagem que não é bem compreendida. Não se trata apenas de apreciar a capacidade humana de resignação, toda vez que se experimenta uma situação pior que a anterior. Este é um truque de fazer olhar o "meio copo cheio" e que tem uma eficácia muito limitada. Há situações reais nas quais o copo pode baixar para muito além da metade, em uma espiral infinita de situações cada vez piores. A vida não é prazerosa porque poderia sempre ser pior. Mas a vida é prazerosa sempre que percebemos existirem recursos apropriados a cada momento e situação. Há recursos para se viver bem em uma casa mínima com muitos filhos. A possibilidade de ser pior nos faz despertar para os recursos que estavam disponíveis e não percebíamos.

Esse tipo de descoberta é comum entre pessoas enfermas. Mas, também, nessa situação podem compreender esse sentimento de forma equivocada. A ideia de "eu era feliz e não sabia" pode ser ilusória por fazer-nos sonhar com o que não é mais. O que na realidade a história da vaca possibilita é descobrir o recurso à mão. Se o enfermo enxerga hoje recursos de prazer e alegria que não via, essa descoberta deve ajudá-lo a não se sentir saudoso, mas, ao contrário, buscar os recursos de seu presente que ele também não consegue acessar.

Resignar significa abdicar e abandonar. Significa estar conformado com a falta de recursos. A fé é o contrário da resignação, ela é um enfrentamento. Significa estar inconformado, por saber que existem recursos a cada dada situação e momento. O inconformismo se dá justamente por não se estar encontrando estes recursos e não abandonar essa busca. Tantas vezes confundimos a fé com uma fuga, quando em realidade é uma peleja, um esforço da vida para não perder-se o foco de que ela é sempre, por definição, a existência de recursos. O desespero é a perda da espera de que esses recursos existam.

Ajudar alguém é sempre auxiliá-lo a reencontrar um caminho de perceber esses recursos. Uma das recomendações mais sábias dos rabinos diz respeito a como ajudar uma pessoa que carrega um fardo. Eles alertam para o perigo de querermos retirar o fardo de uma pessoa. Não sabemos o que esse fardo significa para esta pessoa. É claro que devemos estar atentos a todo o tipo de ajuda que podemos prestar. Podemos ajudar a suportá-lo por alguns momentos, podemos acertá-lo de forma a não ser tão incômodo, mas não podemos retirar do outro o seu fardo. Este é um ato do indivíduo apenas. E tudo isso por conta dos recursos.

Cada vez que retiramos um fardo de alguém, estamos lhe roubando a possibilidade de descobrir os recursos existentes para quem carrega tal fardo. Infelizmente, não raro, fazemos isto com nossos filhos. Por conta de nosso amor, retiramos obstáculos e fardos que teriam a fantástica função de infundir-lhes a descoberta dos recursos. Tornam-se momentaneamente imunes ao mal ou à dificuldade que se apresentava, mas perdem o patrimônio essencial da vida, que é a fé nos recursos. A vida se torna apenas o seio que se acopla, tudo o mais é fora da vida e razão para a perda da esperança, o desespero. Perdem a capacidade fundamental de perceber que a fome ou o desconforto jamais é permanente. Todo sofrimento é uma perturbação, um desequilíbrio que desemboca em alguma forma de recurso. Mesmo que este seja a morte – o último recurso.

Há uma anedota sobre um rabino que se dirigiu à sua comunidade em tom grave:

"Tenho três notícias a dar. Uma delas é boa, uma ruim e uma mais ou menos. Como preferem que eu as apresente?"

A comunidade pediu de imediato que informasse de que se tratava a notícia ruim.

"A notícia ruim", disse o rabino contrito, "é que o teto de nossa sinagoga corre o risco de desabamento e serão precisos recursos altíssimos para consertá-lo."

Ouviu-se um "oh!" amargurado vindo da comunidade.

"A notícia boa, no entanto", prosseguiu o rabino em tom de alívio, "é que já dispomos dos recursos."

Ouviu-se novamente um "oh!", misto de regozijo e conforto.

"A notícia mais ou menos é que esses recursos estão em seus bolsos!"

Essa é a verdadeira relação com qualquer tipo de recursos necessários. A realidade nos impõe uma gama espetacular de perturbações e atribulações. Para cada uma dessas "más notícias" deveria se contrapor a "boa notícia" de que recursos já existem. A inteligência, obviamente, está na capacidade de arcar com a notícia "mais ou menos". O bolso simboliza um lugar de possibilidades e ao mesmo tempo de perda. Significa tudo aquilo de que não estamos dispostos a abrir mão e que nos faria perceber os recursos.

E, para abrir mão desses recursos necessários, é preciso termos a fé adquirida dos fardos anteriores que não foram removidos artificialmente, mas que, a partir da carência, promoveram soluções e saídas.

A fé é a notícia "mais ou menos", ao contrário do que muitas vezes as tradições nos colocam como sendo "as boas-novas". Pode haver ilusão e alienação nas boas-novas. A má notícia nos faz desesperados, a boa notícia nos faz acomodados, e a notícia "mais ou menos" nos aprovisiona de fé.

Todo messias que trouxer só "boas-novas" é um falso messias. Toda tradição que se propõe a tirar fardos promove o desapontamento e o desespero. Só os messias e as tradições com notícias mais ou menos pertencem à dimensão inteligente da espiritualidade.

As notícias mais ou menos, invariavelmente, dizem respeito não a se retirar os fardos, mas, sim, a percebê-los como portadores de uma função. Retirar fardos deve ser um processo em que se pagam os custos, mas se faz uso dos recursos a ele inerentes. Qualquer outra forma de retirar os fardos é, como diz a expressão americana, "jogar fora a água do banho com o bebê".

Resgatar nossos fardos como nossos e apreciá-los, apesar de não ser uma notícia boa e estar mais para mais ou menos, nos dá posse de nosso quinhão e de nossa vida. E quem tem muito de si – tem tudo.

Quem dispõe de muito de si, não apenas dos paladares adocicados, mas quem faz uso das fantásticas especiarias da vida, mesmo do amargo, esse desenvolve um senso de recurso e tem tudo. Apropriar-se e responsabilizar-se pela vida é o que nos disponibiliza o recurso de todos os recursos, que é a fé na existência de recursos.

Senso de missão
Nosso lixo e vício nos fazem únicos

UMA DAS FANTASIAS MAIS comuns associadas à espiritualidade diz respeito à descoberta de uma missão. Várias formas de ignorância espiritual fazem uso dessa ilusão, para oferecer um refúgio ao ego nas religiões e seitas. Muitas vezes a religiosidade serve para ajudar a resgatar autoestima. Nada de errado com essa função, desde que não a confundamos com as verdadeiras atribuições da espiritualidade.

Não são raras as pessoas que pensam estar resgatando sua espiritualidade, porque alguém lhes disse que eram "sensitivos" ou "médiuns" e que deveriam desenvolver essa potencialidade. Talvez se beneficiem da lembrança de momentos de vida em que foram mais atentas e conectadas a essa dimensão e a esta forma de leitura da realidade. No entanto, infelizmente, o sentimento mais frequente é o resgate da ilusão de uma missão. Essas pessoas são povoadas por pensamentos do tipo: "Eu tenho de fazer algo; há algo especial a ser feito por mim neste mundo. Eu, e mais ninguém, posso realizar essa tarefa." A malícia desse pensamento induzido – e talvez uma das técnicas mais utilizadas pela ignorância espiritual para processos de "lavagem cerebral" – está em ser uma meia verdade. Sim, temos uma missão que nos faz únicos, mas isso nada tem a ver com o "eu". Autoestima é, como vimos, algo saudável, quando se refere a "quem somos" e nunca ao que somos.

As missões nos dão um título e uma função única. Ilusão! Não há nada que possamos fazer que seja único, salvo uma coisa. Somos únicos neste universo, mas isto, novamente, é da ordem do "ser", jamais da ordem do "fazer". Somos todos substituíveis dos mais simplórios aos mais refinados e sensitivos. Mesmo os líderes, os profetas e até os messias são funções ocupadas por pessoas com grandes méritos, porém, o que lhes dá imortalidade é um espaço ocupado e que, gostemos ou não, seria ocupado por alguém.

O senso de missão é um dos truques mais frequentemente utilizados quando experimentamos crises de vida. O Rabino de Berdichev dizia: "Devemos estar atentos à soberba e ao orgulho, pois estes não necessitam qualquer fundamentação. Uma pessoa pode estar deitada em uma cama, com frio, com um cobertor roto sobre si e, ainda assim, pensar: 'sou muito especial, sou grande!'" Qualquer pessoa é especial por quem é, mas por aquilo que é ninguém é especial, apesar de todos assim se perceberem.

A grande contradição que nos oferece a espiritualidade nessa área é nos ensinar que só somos especiais por aquilo que fazemos, quando estamos falando de nosso *shmutz* – nosso lixo, nossa sombra e nosso vício. Nossos defeitos são o que melhor define nossa missão. Dar atenção aos acertos que devemos realizar, na medida em que nos for possível, essa é uma missão exclusiva. Nesse sentido, somos únicos – nossas questões por resolver nos tornam especiais e singulares.

A maioria das pessoas prefere se perguntar o que pode dar ao mundo ou que grande contribuição à humanidade lhe está reservada, raramente dando-se conta de que sua tarefa singular é acertar e emendar a si mesma. É mais fácil ficar com "as próprias fraldas sujas" do que dar-se o trabalho de tirá-las e limpar-se. Pois é dessa troca de fraldas, mais do que sonhar com mundos perfumados, que se constituem as missões. Nada mais prático para salvar o mundo do que trocarmos nossas próprias fraldas sujas.

Mas o que há de glorioso nisto? Se glorioso é algo que diz respeito a fazer algo único, então, esta é a única tarefa gloriosa a nosso alcance. Aquele olhar que dispensamos às pessoas famosas e que fizeram a diferença, olhar de inveja e devaneio de troca de lugar com esses personagens, é uma ilusão que, como todas, leva à insatisfação.

Rabi Bunem comentou certa vez:
"Não gostaria de trocar de lugar com o patriarca Abraão. Que vantagem teria para Deus se Abraão fosse o cego Bunem e que o cego Bunem fosse Abraão? Em vez de esperar que isso aconteça, acho que devo tentar crescer um pouquinho para além de quem sou hoje!"

Poder mexer em nosso lixo é a tarefa mais sagrada e a única que permite ganho real no universo. Talvez uma das expressões mais concretas que chamam a atenção para essa contradição é o dito popular: "Está com o rei na barriga?" Usada para alertar quanto à arrogância e a altivez, essa máxima nos faz lembrar o que há na barriga. Na barriga, temos a digestão e dela as fezes. É esse o seu "rei"? Não se esqueça de que você é um "invólucro de excrementos". Entretanto, é isso mesmo. O seu reino é o seu lixo. Lidar com suas limitações e vícios lhe faz rei, único. Ninguém é rei, salvo pela capacidade de se transformar e emendar seus defeitos.

Diga-se de passagem que essa é a mais eficiente forma de crescer em qualquer instância. Na gestão de empresas, antes de buscar melhorias de desempenho, projetando crescimento para fora, deve-se tomar providências contra a ineficácia e a incompetência. O simples fato de eliminá-las se traduz em crescimento real e ampliação de recursos.

Dentre todas as formas de orgulho e arrogância, a pior é a daqueles que se acham piedosos ou prodígios espirituais. Nada pode ser tão na contramão da espiritualidade, tão ignorante, quanto se sentir responsável por uma missão externa. As verdadeiras missões nós as cumprimos sem saber que foram missões, na medida em que cuidamos de nós mesmos, que nos fazemos crescer para além de quem somos hoje.

Senso de doença
Reconhecendo aquilo que o leva para onde você não quer ir

O INSTINTO FÍSICO FAZ USO do medo para evitar perigos. O mesmo faz o instinto emocional por meio da desconfiança para evitar perigos afetivos, e também a intelectualidade pela percepção de que há confusão ou incoerência. A espiritualidade, por sua vez, reconhece o perigo por um outro critério, que é a percepção de "não estarmos indo para onde queremos".

A ignorância espiritual deseja sempre colocar o perigo nas tentações externas, satânicas, como vimos antes na questão do exorcismo. O único "mal" externo é inevitável e, portanto, fora de nossas preocupações. O perigo real reside em uma trama orquestrada por nós mesmos. São as vozes internas que nos tentam e que nos impedem de seguirmos o curso que realmente desejamos trilhar. Não há outra bússola além da percepção de que estamos indo para onde não queremos. Há mapas, como as Escrituras ou ensinamentos, mas você tem de saber o lugar em que você está, para onde quer ir e como chegar pelo caminho com menos obstáculos. Em outras palavras, não há manual. Mesmo os mapas devem constantemente ser revisados, para dar conta de mudanças ocorridas ao longo do tempo.

No texto bíblico, quando Moisés pergunta a Deus qual o seu nome, ouve a resposta de que ele é "Serei o que Serei". Essa estranha forma de definir-se ou nomear-se dá parâmetros para entender que Deus é a força absoluta que consegue, em sua integridade, Ser o que se propõe a ser. Tudo e todos os demais conseguem ser apenas parcialmente o que verdadeiramente se propõem a ser. Somos levados para onde não queremos ir, e, talvez, esta seja a definição do Impulso ao Mal que aparece na literatura rabínica, como uma espécie de manifestação satânica dentro de nós. Essa trapaça interna com a qual vitimamos a nós próprios exige que saibamos, cada um de nós, o nosso estilo de autoilusão.

A *Ética dos Ancestrais* (2:6) aponta diferentes distúrbios que incidem sobre a espiritualidade e sua origem, na seguinte citação: "O abrutalhado não pode ser temente; o acomodado não pode ser piedoso; o envergonhado não pode aprender e o impaciente não pode ensinar."

De acordo com esse ensinamento, a insensibilidade, a acomodação, a vergonha e a impaciência são comportamentos que nos tornam espiritualmente doentes. Não há problema humano que não possa ser decomposto em componentes destes quatro fatores. São sintomas que possibilitam diagnósticos e prognósticos.

O refinamento, primeiramente, é que nos permite suportar as contradições. Por meio dele, aprendemos a não generalizar e a apreciar a diversidade e a surpresa. O abrutalhado vê preto no branco e se torna daltônico à vida. Em preto e branco, todas as contradições são incoerências ou erros. Sem a percepção de nuanças, o único senso que faz sentido é a descrença e o cinismo.

Acomodar-se é um comportamento que busca evitar o confronto com as próprias limitações. Como a maior de todas as limitações é a morte, o acomodado é alguém que, por tanto temer a morte, fez acampamento na vida. Um sem-terra agarrado a terra. Ou um sem-vida agarrado à vida, o acomodado se torna insensível a toda fraqueza e limitação. Sem compreender nossa pequenez e nossas próprias dificuldades, não conseguimos olhar o outro como um igual e desenvolver compaixão. Essa falta de compaixão acaba por instaurar a malignidade da falta de responsabilidade. Como a própria palavra diz, trata-se da habilidade de ser responsivo. Responder à vida e responder ao outro só é possível quando respondemos a nós mesmos. A indiferença à violência e à miséria do outro são decorrência de nossa estagnação e acomodação espiritual.

A vergonha, por sua vez, não nos permite crescer. A vergonha pode ser um sentimento positivo, quando aplicado a nosso comportamento, mas não à nossa pessoa. Ter vergonha do que fiz é muito diferente de ter vergonha de quem sou. Só não faz perguntas e não se expõe aquele que desenvolveu vergonha de si. E nada é mais importante para a inteligência espiritual do que reconhecer que não somos o que fizemos, somos o que fazemos. O passado pode ser julgado por outros, mas temos constantemente a oportunidade de mudar a cada momento da vida. Há sempre uma maneira de não se sentir vergonha de si em um dado momento, muitas vezes pela própria capacidade de sentir vergonha do que se fez. O que estamos dizendo é que a vergonha não nos permite a presença, ela sempre nos remete a um passado que nos acusa. A vergonha não permite ao presente dispor de sua mais importante característica – ser solvente (transformador) do passado.

A dificuldade do envergonhado em aprender não se deve apenas à incapacidade de fazer perguntas. Como ele está sempre preocupado com pendências passadas, não consegue estar presente, que é a condição fundamental para aprender. Certa vez, Reb Pinchas comentou: "Estamos sendo sempre, constantemente, ensinados pela vida. E por que, então, temos tanta dificuldade em aprender? Por que ela ensina, mas não repete!"

O envergonhado deixa escapar inúmeras oportunidades de vida, pelo simples fato de se esconder, em vez de fazer-se presente.

Por último, a impaciência revela uma compreensão errada da vida. Essa compreensão se baseia na ideia de que há sempre algo mais interessante e gratificante no que está por vir. O depois é sempre mais importante que o agora. Conta-se que perguntaram a um discípulo do Rabino de Kotzk o que era mais importante para seu mestre. O discípulo respondeu: "O mais importante para ele era aquilo que estivesse fazendo no momento."

Nem mesmo podemos imaginar o impacto na qualidade de nossas vidas, se pudéssemos fazer daquilo que estamos fazendo a coisa mais importante. O prazer vivido e a qualidade de tudo o que fizéssemos bastariam para nos tornar felizes. O impaciente de todos nós não sabe que a felicidade mais plena é simplesmente conseguir perceber que aquilo que estamos fazendo, em todos os momentos, é a coisa mais importante.

Esses sintomas muitas vezes se manifestam em conjunto. Pare para pensar quantas pessoas você conhece que são insensíveis e que em alguma medida são também acomodadas, envergonhadas ou impacientes.

Senso de bênção
Dedicação à vida e não à imortalidade

O QUE É UMA BÊNÇÃO?
Abençoar é acima de tudo dar atenção. Não uma atenção qualquer, mas em grau máximo. Não nos damos conta disso, mas toda a atenção suficientemente focada e precisa se transforma em bênção. Os grandes mestres e líderes espirituais nos impactam justamente por sua capacidade de identificar nossos desejos e carências mais profundos. Prestam uma atenção radical, que revela o âmago daquilo que é mais premente a dado indivíduo e, ao manifestarem o desejo de que seja atendido nessa carência, abençoam. Qualquer um que possa prestar muita atenção nos outros pode abençoar, e qualquer um que possa prestar radicalmente atenção em si irá perceber-se abençoado.

A bênção é o estado de estar-se plenamente no lugar e no momento. Qualquer expectativa que vá além das fronteiras da vida, no momento em que esta acontece nos retira da condição de abençoados. Essa é a razão de termos facilidade em abençoar em momentos importantes de nossas vidas, seja em casamentos ou em despedidas. A rotina normalmente nos retira da condição de bênção porque é, por definição, um tempo que tem expectativas em outro tempo. O que é rotineiro não nos tem radicalmente presentes. Significa sempre algum nível de automação e a capitulação a fantasias que nos seduzem, justamente por conta da fragilidade do momento rotineiro. Ou seja, a rotina nos rouba o senso de bênção porque nela não há o mínimo necessário de atenção para produzi-lo.

A inteligência retratada na Bíblia, particularmente no Pentateuco, salta aos olhos na única bênção que é instruída diretamente pelo Criador. Conhecida como "bênção de Aharon ou dos sacerdotes", ela é um manual sobre bênçãos.

Seu texto (Num 5:24-26) diz:

Que o Criador te Abençoe e te guarde.
Que o Criador te Ilumine e te dê graça.
Que o Criador te dirija a atenção e te traga paz.

Essa bênção contempla três áreas fundamentais de nossas carências. "Bênção" responde a anseios da dimensão física; "iluminação" a anseios intelectuais; e "atenção" a anseios emocionais. Prosperidade, inteligência e afeto dão conta de todas as nossas necessidades, mas não são bênçãos.

Se repararmos com cuidado, veremos que cada uma dessas áreas tem de ser condicionada ou limitada para que represente uma verdadeira bênção. Associado a "progresso" (bênção), está o conceito "e te guarde"; à "inteligência" (te ilumine), está o conceito de "e te dê graça"; e a afeto (atenção), está o conceito de "e te dê paz". Nem a prosperidade, nem a inteligência e nem mesmo o afeto são medidas como vimos anteriormente. Em demasia representam tanto sofrimento e desequilíbrio quanto em sua carência.

Para que tenhamos prosperidade, precisamos ser "guardados" ou protegidos dela. Sem saber o valor das coisas, nada pode converter-se em prosperidade. A bênção, além da disponibilidade de um bem, é também a atenção necessária para saber o que fazer com essa riqueza. Coisas materiais, sem essa atenção para entender seu verdadeiro valor, podem nos levar ao apego e à frivolidade.

Por sua vez, para que sejamos iluminados, não basta apenas a inteligência ou a criatividade. A "graça" é uma medida interessante, porque é ela que expõe a inteligência ou a esperteza à sua prova final. Quando não usamos nossa inteligência de forma honesta e espontânea, quando ela contém objetivos dissimulados ou falsidades, perdemos a "graça". Sermos graciosos é, portanto, uma qualidade que limita a inteligência, podendo torná-la sábia ou, ao contrário, uma esperteza que contém malícia. É uma atenção ao mundo ao nosso redor e a nós mesmos que nos ilumina com bom-senso. A pertinência e a propriedade da inteligência é que lhe conferem a qualidade de ser uma bênção.

Por último, temos a atenção ou o afeto que nem sempre são sinônimos de bênção. Muitas vezes, o excesso de amor, ou a atenção exacerbada de uma mãe ou um ente querido, nos tira a paz. Somente quando a atenção vem em um nível adequado é que ela produz paz. Imagine-se uma pessoa que por atenção se intrometa demais em nossas vidas, ou um amante que, por afeto, se torne ciumento ou obsessivo. Com certeza, dará conta de nossa paz. Ou seja, também o afeto só é bênção quando chega em medida tal, que não ponha em risco nossa paz.

A bênção é um brinde à vida, um reconhecimento com atenção acurada daquilo que cada momento propicia. Esse brinde só existe quando abrimos mão de nossa expectativa de imortalidade. Na realidade, a vida e a imortalidade são antônimas. Quando buscamos apreender a vida, controlá-la para produzir o efeito de que somos imortais, então ela nos escapa. A imortalidade vende o momento, em troca de uma expectativa futura.

Para certificar-se de que não vai morrer, a imortalidade abre mão do agora. Afinal não é em cada momento que a morte se apresenta à vida? Enquanto a vida e a morte estiverem presentes, há possibilidade de bênção. É o desejo de imortalidade que anula qualquer chance de bênção. Isso porque o desejo de imortalidade é em si a distração, a desatenção que não abençoa.

Senso de salvação
O oposto do prazer não é a dor, mas o conforto

A BÊNÇÃO ESTÁ PARA A atenção assim como a salvação está para o risco.

O senso comum imagina que ser abençoado é poder viver desligado, desatento e desfrutando de uma santa alienação. Acabamos de defini-la justamente na contramão dessa percepção. O mesmo ocorre com a expectativa que nutrimos de sermos resgatados e salvos de um mundo que nos parece hostil, por conta de suas incertezas. Afinal, o desejo maior de quem busca controlar o mundo à sua volta é poder desfrutar um dia de relaxamento que só a segurança absoluta é capaz de oferecer. Só assim pode tirar férias do estresse causado por uma existência baseada na sensação de que se deve chegar a algum fim imaginário e de que se deve colecionar triunfos também imaginários.

Essa paz que se busca no controle só pode existir no convívio com o risco e com a incerteza. Imaginamos que o útero materno seja um lugar de conforto absoluto e matriz de nossos sentimentos de acalanto e gentileza. Mas se há algo que esse lugar não era, é confortável. A mãe que dorme comprimindo o feto, gases que disputam espaço, acidez e toda a sorte de indisposições desse meio ambiente produzem uma realidade que não é confortável. É, sem dúvida, um lugar de grandes prazeres, mas também de dores. Na realidade, só é um lugar de prazeres por conta das dores que contém.

Não há prazer que não esteja associado a situações de dor. A sexualidade implica trabalho e dor; a alimentação implica fermentação, digestão e excreção; as realizações de nossos afazeres dependem de esforço e perseverança; e assim por diante. A preocupação maior do controle não é o prazer, mas poder dar conta da dor. Com isso, busca um conforto que elimina, junto com a dor, também a possibilidade de prazer, além de ser um truque fadado ao fracasso. Isso porque, além de não conseguirmos evitar a dor para sempre, viver sem prazer é o contrário de ser salvo.

Precisamos nos entregar à máxima de para-choque de caminhão que diz: "A vida é como dirigir à noite: você só enxerga até onde os faróis mostram, mas, mesmo assim, é possível fazer-se toda a viagem." Não é necessário enxergar de uma cidade à outra para empreender a viagem com segurança.

O impacto da busca por conforto não aparece apenas na esfera individual. A sociedade do século XXI é um grande sintoma de uma civilização que, ao buscar o conforto e o controle, diminui a dor e reduz também o prazer. Esse prazer que deveria estar refletido em pequenas coisas, como poder ser solidário com o outro, ou meramente estabelecer encontros com o outro. Se estivermos confortáveis, o mundo à nossa volta pode desintegrar-se que não nos perturbaremos. Confortáveis, ou seja, nos sentindo mais longe dos riscos, nos identificamos menos com nossos semelhantes e com suas dores (e prazeres).

O personagem bíblico arquetípico desta condição é Noé. Seu nome original em hebraico (Noach) significa literalmente "o confortável". Quando Deus lhe revela que vai destruir o mundo, mas que ele irá se salvar, Noé nem mesmo hesita. Desde que ele se salve, está tudo bem. Ele inicia a construção de sua pequena arca, como nós acreditamos que em nosso pequeno mundo, nossa casa, desde que estejamos bem, pouco nos importa o que vai pelo mundo. Em vez de intervir a favor dos demais seres vivos, como fariam outras figuras bíblicas (Abraão e Moisés), Noé se cala em seu conforto. A semelhança de Noé com os bons cidadãos do mundo globalizado do século XXI vai além da mera indiferença. Como hoje, Noé era politicamente correto. Salvar um casal de cada espécie revela uma preocupação semelhante à que temos hoje, quando buscamos preservar as baleias e os golfinhos, deixando milhões de pessoas perecerem na África ou em nossas esquinas, por conta da miséria. Bastava para Noé, em seu tempo e em sua sociedade, ser apenas politicamente correto. Ser correto tornou-se desnecessário, ou até mesmo tolo, desde que sejamos "politicamente corretos".

A ignorância espiritual está na proposta de um conforto que, ao evitar a dor, perde também acesso ao prazer. Trocamos prazer por diversão: por aquilo que nos faz divergir ou nos afastar de nós mesmos. É uma forma de fuga que tem como custo, a médio prazo, a depressão e o desespero.

A luz dos faróis que não nos permite ver além do caminho imediatamente à nossa frente é uma forma de enxergar-se no escuro. Há luz, mas esta interage com a escuridão, produzindo, mesmo dentro da insegurança e do desconhecido, uma maneira eficiente de chegar-se ao nosso destino. O conforto de querer iluminar o fim do caminho é que gera a verdadeira cegueira. Troca-se a visão da chegada pela essência do caminho. Caminho esse feito de bênção-atenção e de prazer-risco, sem os quais não há salvação.

A ESPIRITUALIDADE NÃO EXISTE

Como vimos anteriormente, uma bênção é composta de medidas exatas que saciam e não enfartam. Mais do que isso, elas se expressam em três áreas: física, emocional e intelectual. Damos, então, falta da quarta dimensão a que nos dedicamos a analisar – a espiritual. Onde ela se localiza? O que é uma bênção espiritual? Qual o instrumento ou o órgão que usufrui benesses, prazeres ou deleites espirituais? Aparentemente, ele não existe.

"Rabi Bunem costumava dizer: 'Quem tem muito estudo se torna descrente e herético; quem se entrega ao amor se torna leviano e lascivo; quem é disciplinado se torna egoísta e rígido. Então, se o estudo, o amor e a disciplina levam a esses resultados, o que caracteriza uma pessoa boa?' Rabi Bunem então completava: 'As três coisas de uma só vez!'"

O que Rabi Bunem está dizendo é que existe uma medida das medidas, que é o que a bênção bíblica também ensina. Assim como há uma medida exata para as bênçãos física, emocional e intelectual, há uma situação ideal em que essas medidas existem em conjunto. Todas essas três áreas equilibradas produzem um outro equilíbrio, uma outra medida das próprias medidas, que é a bênção absoluta ou a bênção espiritual.

Em outras palavras, a espiritualidade é produzida pelo conjunto do bem-estar físico, emocional e intelectual. É, portanto, a manifestação de todos os potenciais humanos de forma apropriada, sem carência e sem excesso. Esses momentos de harmonia é que nos permitem apreender a espiritualidade.

Um dos artigos religiosos mais impressionantes nesse sentido são os filactérios utilizados pelos judeus até hoje e que, provavelmente, se originaram no antigo Egito. Esse estranho objeto feito de tiras de couro e pequenas caixas contendo pergaminhos com inscrições bíblicas é colocado diariamente em um dos braços e na cabeça, de preferência ao amanhecer. Simbolicamente, ele amarra ou conecta o braço, o coração e a mente. Ao fazer isso, ele se torna um objeto da espiritualidade, pois expressa o desejo de que o dia que se inicia seja marcado pela união desses três importantes elementos: o fazer, o sentir e o pensar. Se conseguimos criar "vasos comunicantes" entre essas três esferas, o resultado de tudo o que realizarmos é o que "gostaríamos que fosse", e nos tornamos imagem e semelhança de um Criador que é a força que se denomina "Serei o que Serei". Ou seja, se sou inteiro, integrado e pleno, então a minha história e o meu futuro me espelham. Sou, portanto, uma manifestação em pequena escala daquilo que me criou.

Qualquer manifestação, seja singular ou de dois a dois, desse tripé da existência humana produz desvios e deformações. Reb Bunem nos deixou uma lista dos desvios que ocorrem, quando uma única dessas áreas predomina. Mas, duas a duas, elas também não nos representam. Só o intelecto e as emoções produzem imobilismo e alienação, só a ação e o intelecto produzem psicopatias e crueldade e só a ação e a emoção produzem injustiças e leviandades.

A espiritualidade é essa capacidade de sermos nós mesmos. Com frequência, acreditamos que as três dimensões de nossa existência – a física, a emocional e a intelectual – são independentes umas das outras. Isto, no entanto, não corresponde à realidade. Sua relação deveria acontecer de forma integrada e não compensatória. Se o plano físico, por exemplo, não se desenvolve bem, buscamos compensá-lo intelectualmente ou vice-versa; se o plano emocional não se desenvolve a contento, o compensamos intelectualmente e vice-versa, assim por diante. Esses desequilíbrios compostos de excessos para dar conta de carências de outra esfera são a origem de nossas doenças orgânicas, somáticas e psíquicas.

O que mais nos confunde nessa má administração do que somos é ser um tripé. Os animais funcionam espiritualmente de forma bem mais simplificada, tendo que dar conta apenas do binômio físico-emocional. Para um animal irracional estar abençoado, é um processo bem menos complicado.

Nossa estrutura animal também nos impele a funcionar buscando relações em duplas. Desses grupamentos dois a dois, surgem manifestações de faculdades específicas. O intelecto e o físico interagem produzindo a fala. A emoção e o físico interagem produzindo o gesticular, o semblante ou o que chamamos mais recentemente de linguagem corporal. O intelecto e a emoção, por sua vez, produzem o pensamento.

Para tornar estas e outras manifestações representativas do tripé que somos, há necessidade de esforço. Há esforço para trazer a emoção à fala; há esforço para trazer inteligência à postura; e há esforço para trazer ação ao pensamento. O primeiro esforço produz sinceridade, o segundo, justiça; e o último, a ética. Honestidade, justiça e solidariedade são na verdade o tripé pelo qual as tradições religiosas resumem o funcionamento espiritual.

Na verdade, essa espiritualidade que não existe, pois é apenas a interação de outras três faculdades que, sim, existem, é tratada como a "espiritualidade baixa" pela mística judaica. Segundo esta, há uma outra espiritualidade que é "elevada" e que existe independentemente de ser apenas o funcionamento orquestrado de manifestações que percebemos como reais e existentes. Discutiremos a seguir essa espiritualidade "que existe".

A SUPREMA CONTRADIÇÃO:
A diferença que nos iguala

TALVEZ O MAIS IMPRESSIONANTE em toda a concepção espiritual é que ela só produza um único termo que lhe é singular. Só uma palavra pertence exclusivamente ao campo da espiritualidade, e a grande maioria das pessoas tem dificuldade em compreendê-la, apesar de utilizá-la com frequência. Trata-se da palavra-conceito: sagrado.

No texto bíblico, o Criador se dá ao trabalho de identificar essa palavra com a tarefa maior da espiritualidade: "Sejam sagrados, porque eu, seu Criador, sou Sagrado." O que seria "ser sagrado"? A raiz da palavra – *k_d_sh* – em hebraico arcaico significa "colocar à parte" ou "separar".

A própria qualidade da Criação, como descrita no texto bíblico, é a de separação. Segundo este, o poder transformador e criador está no ato de separar e de diferenciar. Separam-se céus da terra, luz das trevas, mares dos continentes, animais uns dos outros e o ser humano dos animais. A diferença não só cria, como parece preservar a própria vida, uma vez que sabemos hoje ser a biodiversidade essencial para o equilíbrio e a conservação do meio ambiente. E não parece se tratar apenas de diferenças coletivas ou de espécies. A própria diferença entre os indivíduos é marca de saúde, como desvenda hoje a genética.

A reprodução de seres iguais empobrece a tal ponto a vida, que a coloca em risco. A diversidade entre os seres vivos produz a cada procriação um ato de criação de um diferente. A possibilidade hoje de criar-se geneticamente seres iguais uns aos outros nos coloca diante da criação de seres sem espírito. Isso porque a qualidade maior desta faculdade invisível é a própria diferença, ou a possibilidade de ser sagrado. Ter um espírito é conter um pedaço de um infinito quebra-cabeça, no qual a condição de ser parte do todo é conter uma diferença que se encaixa em todas as outras diferenças.

A característica maior dessa diferença é que ela agrega, em vez de desagregar. É ela que nos faz pertencer ao conjunto. Produz-se novamente uma santa contradição pela qual para fazer parte temos de ser diferentes. Ou melhor, o que nos une não é a igualdade, mas justamente a diferença. É nela que está o Criador em nós; é ela a diferença que é a semelhança entre todos nós e também entre nós e o Criador. Essa diferença seria em si o elemento transcendente em cada um de nós. A marca de nossa singularidade seria em si o espírito soprado em cada um de nós, como se fôssemos, individualmente, todos, como Adão. Em vez de insuflados com um vento-alma, seríamos insuflados com a diferença.

Estaria assim plantado em nós o sagrado. Somos colocados à parte, feitos diferentes, para podermos existir e nos identificar com tudo o que é solitário em sua diferença. Nossa melancolia por não encontrar um par só se dissolve no encontro com um outro verdadeiramente diferente que é, portanto, como nós.

A espiritualidade seria, dessa forma, o constante mimetismo desta condição, com a função de aplacar nosso desconforto por nossa sensação de separação e solidão. Transcender seria realizar rituais ou viver momentos que nos relembrassem ou colocassem em contato com esse sentimento de proximidade, mas sempre pela diferença. A igualdade nos afasta, nos desumaniza, ou melhor, nos extirpa o espírito.

Sagrar ou fazer sagrado significa tornar distinto. Separar um dia especial dos outros dias, como faz o Criador com o sábado, é ensinar ao ser humano o segredo de não ficar sozinho neste universo. Diferencie e você vai encontrar uma santa paz, um encontro com uma essência que é a sua. Esse artifício para estabelecer encontro é a ideia básica por trás do antigo Templo, em Jerusalém, e que é, provavelmente, a matriz de todos os templos que já existiram, que hoje existem e que existirão no futuro. Como em uma cena de ficção científica, as criaturas descobriram uma forma de conexão com seu Criador. Simples de se engendrar, mas difícil de se compreender. O Templo de Jerusalém criou conceitos de diferença, de sagrado. Havia um país diferente dos outros, nele uma cidade diferente das outras, e nela um monte diferente dos outros. Nesse monte, havia um lugar, um templo, onde dentro dele havia um lugar que era diferente dos outros lugares, e que se chamava o "sagrado dos sagrados". Tomavam conta desse templo sacerdotes que eram pessoas de uma tribo que era diferenciada das outras tribos, e entre essa tribo pessoas específicas de uma família que era diferente de outras famílias dessa tribo. E nele se celebravam dias que eram diferentes de outros dias. O espaço diferente, no tempo diferente, no ser humano diferente, é a antena parabólica que viabiliza um contato com o universo profundo e difuso.

Esta é a dificuldade maior das tradições espirituais. Por um lado, expressar eticamente que os seres humanos são iguais e, ao mesmo tempo, realçar sua diferença, para que possam ser verdadeiramente iguais. Razão pela qual as religiões ora se perdem no conceito de que são diferentes e matam; ora se perdem na ideia de que são iguais e perdem a potência espiritual.

Há uma história sobre um menino que costumava se esconder em um bosque todos os dias, depois das aulas. Certa vez, seu pai lhe perguntou o que ele fazia escondido no bosque todos os dias. "Eu... eu converso com Deus", disse o menino. "Mas, meu filho", reagiu o pai, "por acaso você não sabe que Deus está em todos os lugares? Você não precisa ir até o bosque para falar com Deus. Ele é o mesmo, se você conversar com ele aqui em casa ou no bosque!" "É óbvio que Deus é o mesmo, meu pai", respondeu o menino serenamente, "mas eu não sou o mesmo!"

Buscamos a diferença em tradições e templos, não porque Deus é diferente, mas porque somos diferentes. E só nessa diferença é que o espírito momentaneamente se torna real para nós. A partir desses instantes passageiros, nos tornamos transcendentes e nos irmanamos em diferença com tudo o que é diferente. A sutileza entre sagrar e segregar é a sintonia fina que distingue a espiritualidade inteligente da ignorância espiritual.

A periculosidade das manifestações espirituais é sempre esta. Como não permitir que o ato deliberado de "colocar à parte" ou "separar" em rituais produza segregação, em vez de sagrado. A segregação não é uma diferença que produz comunhão. Ao contrário, é a celebração do ego, e não do espírito.

Talvez pudéssemos dizer que o espírito é o que é diferente em nós e que nos iguala. O ego, por sua vez, é aquilo que é igual em todos nós, e que nos diferencia.

A verdade é que a espiritualidade fala de coisas que não se manifestam, mas que estão por trás de toda manifestação. A inteligência está não só em reconhecer esta sutileza, mas em modificar as matrizes de entendimento e funcionamento de nossas vidas. Diz respeito a permitir-nos delegar maior poder a nossos sensos, para que nos conduzam não necessariamente ao sucesso ou ao triunfo, mas ao bem-estar. A paz está em sermos tão profundamente diferentes – aquietando nosso fogo interno, por honrar nossos potenciais que são distintos – e, ao mesmo tempo, sermos tão profundamente iguais – aquietando nossa consciência.

    Essa integração é santa. É santa porque nos coloca à parte, se não no universo absoluto, então, no universo que conhecemos. O grande objetivo de toda a inteligência, como dissemos anteriormente, é o encontro. Não temos qualquer outro uso para a inteligência além do de reencontrar o caminho que nos leva de volta ao "jardim" do qual nos originamos.

    Lá atrás, quando, fazendo uso da árvore da sabedoria, saímos em um derradeiro passeio, descobrimos o exílio. Nosso único instrumento de sobrevivência se tornou essa sabedoria pela qual nos perdemos de casa. Mas isto é um engano. Nossos instrumentos são dois: a sabedoria com a qual partimos e o profundo desejo de retorno e reencontro. Sem o último, o primeiro nos leva mais longe. Um longe que parece conquista, mas que na realidade nos faz mais perdidos.

    Como na história que citamos anteriormente do homem perdido na floresta. Quando ele finalmente encontra a luz de uma lamparina, descobre que é a lamparina de um cego que, como ele, estava perdido. Frustrado, ele acha que ali não existe nenhum ganho real, nada que possa lhe dar mais esperança nesse encontro. Triste engano. O cego não precisa ver a saída, para o cego, a sensação de floresta e de estar perdido em uma imensidão não existe.

    A luz de sua lanterna, totalmente desnecessária para ele, é fundamental para que o outro o veja. A função dessa luz é atrair aqueles que têm dificuldade em não ver e ensinar-lhes uma paz que sua visão não lhes permite. Seu "enxergar" lhes traz o desespero da imensidão e do desconhecimento da saída. Juntos, eles têm mais recursos, ou talvez todos os recursos. Aquele que não enxerga produz luzes para quem enxerga, para que conheçam a paz da cegueira.

No uso do enxergar para promover encontros com o que não enxerga está o nosso grande recurso. Porque o galo não vê, mas sabe distinguir. Porque o escuro é a angústia e a redenção. E a proposta do cego é boa. Acenda lamparinas para que os outros possam nos encontrar, mas não faça uso delas para encontrar a saída. A saída só se apresenta aos olhos que se acostumam com o escuro. Porque aqueles que estão acostumados com a penumbra não têm problemas em discernir as formas que existem no escuro.

E a floresta se faz casa; e o exílio termina no encontro dos exilados. E quem com lamparina continua buscando a saída, nada disso vê.

A LUCIDEZ DO ESCURO

Na contramão há uma luz que, até então, na direção anterior, se fazia escuro. É o enxergar de quem somos, sem a sombra do "eu e meu". Clarão que dispensa o corrimão dos "porquês", em troca de um chão verdadeiro de "por que nãos", firmeza absoluta de "porque sins". É a segurança fantástica de que, mais do que se ter algo sob os pés, tem-se algo sobre a cabeça. Daí a noção de que o que é firme, o firmamento, não é a base, mas o teto e a noção de "lá em cima".

A verdadeira saída não está na luz no fim do túnel, que é nossa expectativa natural. Está em qualquer lugar do túnel. É uma garantia na contramão que é dada, não pela sensação de controle e permanência, mas pela transitoriedade. É a segurança conquistada por quem pauta sua vida pela noção de "se não agora, quando?". Quem assim age descobre que cada momento é um fim em si. E aí pouco importa para onde se vai. Basta fazer do mesmo algo diferente, e se está em qualquer lugar, se sai de qualquer lugar.

A saída é a opção constante que oferece o medo convertido em ação. Conversão essa obtida da inteligência que faz ver que, quando a passagem está bloqueada do lado de fora, a saída se faz para dentro. Trata-se do dentro que sabe caminhos para fora, e do fora que sabe caminhos para dentro e que, graças a essas opções de saída, elimina paredes e obstáculos. Fora que não nos leva a um lugar, muito menos à nossa casa, mas que permite encontros. Fora, portanto, que nos ensina não ser função da luz possibilitar saídas, mas produzir encontros. Isso porque acreditamos que a luz mostra, quando na realidade ela reflete. Tudo o que vemos é o reflexo do que se interpõe à luz. São encontros e não essências. Portanto, a luz não revela, ela faz a intermediação entre dentro e fora.

A verdadeira lucidez não está em ver-se, mas em saber antes de saber e não se iludir justamente pela luz. O que cega não é o escuro, mas o ofuscante. E o desejo por luz produz efeitos distorcidos e enganosos. Nosso ego, por exemplo, é produto dessa distorção. Sua origem está em nossos olhos ofuscados com a impressão de que somos melhores do que nos imaginamos. Necessitamos, então, da pálpebra, da cegueira particular de que somos também piores do que nos imaginamos, e isso nos dá descanso e alívio.

Esse ofuscar constante da luz conduz a disfunções oftalmológicas como o medo, a desconfiança, a confusão. Nada melhor, então, do que uma lágrima para, ao lubrificar e enevoar, tornar mais "visível" a compreensão de que se enxerga mais pela verdade e pela experiência do que pela certeza. A certeza nos violenta, ao fazer-nos albinos em um mundo luminoso de poder e respostas.

Aquilo que vemos é um comentário da realidade e não a realidade. Por isso, a escuridão pode nos colocar mais próximos da fonte e da origem, sem a interferência de miragens e distorções. Na escuridão, há sentido em contradições como: quanto mais só, mais junto; a igualdade está na diferença; ou mais nem sempre soma. Entendemos no escuro que o oposto não é o contrário. Que a vida, por exemplo, não se opõe à morte, mas à imortalidade. Que ao prazer, não se opõe a dor, mas o conforto.

Afinal, quem precisa distinguir para ver é a visão, e tudo o que "é" tem que ter um "não é" para contrastar. A boa luminosidade, no entanto, integra as sombras, porque o escuro faz parte da imagem, como a pausa faz parte do tempo. Feliz do galo que canta o dia em meio à noite. Para ele, não há contradições, uma vez que a luz se dissolve em penumbra e o breu em aurora. Sua função é cantar todas as madrugadas, tentando acordar o mundo não para o dia como imaginamos. Canta, no entanto, para despertar-nos para o fato de que a noite irrompe no dia. Seu alerta é para um portal que diariamente se abre em ensinamento. É o momento em que os perdidos na floresta encontram luz. Pensam eles que essa luz é o fim de seu exílio. Mas o dia pode ser tão ilusório quanto as trevas, talvez mais. A luz não se presta a enxergar, quanto mais a oferecer saídas. Ela nos aproxima do cego para aquietar-nos. O galo canta para nos revelar que a floresta, a noite e o medo não são reais em si. Que o pesadelo que, até tão pouco era real, nos descobre em nossa casa, em nossa cama, sob nosso cobertor.

Bibliografia

Anthology of Jewish Mysticism, Raphael Ben Zion [Org.] (Judaica Press)
The Book of Legends, H. N. Bialik (Schocken Books)
Classic Hassidic Stories, Meyer Lewin (Penguin Books)
Spiritual Intimacy, Zalman Schachter Shalomi (Jason Aronson)
The Search of the Beloved, Jean Houston (St. Martin's Press)
The Enlightened Heart, Stephen Mitchell (HarperPerennial)
For the Sake of Heaven, Martin Buber (Atheneum)
The Herschel Tradition, Moshe Braun (Jason Aronson)
New Seeds of Contemplation, Thomas Merton (New Directions Books)
Cutting Through Spiritual Materialism, Chogyam Trungpa (Shambhala Publications)
Present At Sinai, S. Y. Agnon (Jewish Publication Society)
The Maggid Speaks, J. Krohne (Mesorah Publication)
Meeting with Remarkable Souls, Eliahu Klein (Jason Aronson)
God Desired and Desiring, Juan Ramon Jimenez (Paragon House)

Impressão e Acabamento:
EDITORA JPA LTDA.